O QUE BUDA FARIA?

Franz Metcalf

O QUE BUDA FARIA?

101 respostas para os dilemas cotidianos da vida

Tradução
LUIZ A. DE ARAÚJO

EDITORA PENSAMENTO
São Paulo

Título do original: *What Would Buddha Do?*

Copyright © 1999 Franz Metcalf.

As citações das pp. 31, 92 e 112 aparecem originalmente no livro *Bondade, Amor e Compaixão* de Sua Santidade Tenzin Gyatso (Décimo Quarto Dalai Lama) (pp. 39, 36 e 14, respectivamente), Snow Lion Publications, Ithaca, NY, 1984.

As citações das pp. 108 e 128 aparecem originalmente no livro *The Joy of Living and Dying in Peace* (Library of Tibet Series) do Décimo Quarto Dalai Lama (pp. 96 e 169, respectivamente), HarperSanFrancisco, San Francisco, 1997. Agradecemos a Library of Tibet e John Avedon por permitirem a reprodução dessas citações.

Todos os direitos reservados. Nenhuma parte deste livro pode ser reproduzida ou usada de qualquer forma ou por qualquer meio, eletrônico ou mecânico, inclusive fotocópias, gravações ou sistema de armazenamento em banco de dados, sem permissão por escrito, exceto nos casos de trechos curtos citados em resenhas críticas ou artigos de revistas.

O primeiro número à esquerda indica a edição, ou reedição, desta obra. A primeira dezena
à direita indica o ano em que esta edição, ou reedição foi publicada.

Edição   Ano

2-3-4-5-6-7-8-9-10-11-12   04-05-06-07-08-09-10

Direitos de tradução para a língua portuguesa
adquiridos com exclusividade pela
EDITORA PENSAMENTO-CULTRIX LTDA.
Rua Dr. Mário Vicente, 368 – 04270-000 – São Paulo, SP
Fone: 6166-9000 – Fax: 6166-9008
E-mail: pensamento@cultrix.com.br
http://www.pensamento-cultrix.com.br
que se reserva a propriedade literária desta tradução.

Impresso em nossas oficinas gráficas.

Como espero que você perceba ao ler este livro,
eu o dediquei aos Budas interiores,
que anseiam por nascer em nós.
Namo tassa bhagavato arahato sammasambuddhassa.

Agradecimentos

Muitas vezes eu quis saber por que os autores sempre escrevem páginas de agradecimento. Elas não se destinam ao leitor comum e lê-las é como ir a uma festa em que não se conhece ninguém. Agora eu sei o motivo: na vida, todos contraímos obrigações com os amigos, mas nem sempre temos o prazer de saldá-las diretamente. Nas páginas de agradecimento, temos a oportunidade de fazê-lo, o que é um grande prazer. Bem-vindos à festa.

Por este livro, desde o seu início agradeço a Leslie Henriques, Ray Riegert e Bryce Willett por seus inumeráveis dons e trabalhos e a Phil Abrams por ter nascido. Pela colaboração, principalmente nas agitadíssimas semanas finais, o meu muito obrigado a Claire Chun, Heather McCann, Steven Schwartz e a toda a charmosa equipe da Ulysses Press.

Por não ser este um livro acadêmico, acho melhor não incriminar aqui nenhum estudioso, mas Buda sabe o que eles fizeram para me orientar. Eu gostaria de manifestar minha gratidão também a Daniel Capper pela ajuda que me prestou com os textos tibetanos; foi Dan quem me orientou na leitura do livro do Dalai Lama, *Bondade, Amor e Compaixão.** Também agradeço à editora Snow Lion Press por haver autorizado as citações aqui incluídas.

Por fim, e antes de tudo, para mim sempre existe Nina. A primeira a me estimular, a última a me corrigir, sempre a minha companheira em Buda.

---

* Publicado pela Editora Pensamento, São Paulo, 1989.

Sumário

Introdução 9

O que Há de Errado Comigo?! 13

Tornando-me um Novo Eu 27

Puro Amor 43

Entusiasmo pela Vida 59

Fazer o que é Correto 73

Trilhando o Nobre Caminho 87

O Buda na Máquina 103

As Grandes Questões 117

Sugestões de Leitura 135

Introdução

O que Buda faria? Afinal, ele foi uma pessoa como outra qualquer. Enfrentou a vida tal como nós a enfrentamos e descobriu-lhe os segredos mais profundos. Acaso podemos desejar um modelo melhor? Imagine-se diante de um conflito pessoal ou de um dilema moral; pergunte-se o que Buda faria se estivesse no seu lugar.

"O que Buda faria?" é uma pergunta útil e tranqüilizadora. No entanto, que resposta dar a ela — não uma única vez, mas em todas as batalhas da vida? A inesgotável riqueza da tradição budista fornece tantas respostas, tantos modelos: como localizar e escolher o que pode nos ajudar?

Esta pergunta, "O que Buda faria?", tornou-se mais influente a partir do recente fenômeno "O que Jesus faria?", um amplo movimento nacional que estimula as pessoas às voltas com um conflito pessoal ou com um dilema moral a se perguntarem "O que Jesus faria?" É uma pergunta poderosa, capaz de mudar a nossa vida.

Fazê-la implica reservar-se o necessário momento de reflexão para encontrar a resposta. É o que os budistas fazem há 2.500 anos. Para descobrir o que Buda faria, eles sondam um enorme reservatório de práticas, textos, rituais e mitos.

Do mesmo modo, retirei do poço da sabedoria budista respostas para a pergunta central, ou seja, o que Buda faria em face das muitas provações que a vida contemporânea nos impõe. Este livro contempla todo o fluxo da tradição budista, das primeiras histórias da vida de Buda até as idéias reveladoras dos mestres que hoje prosseguem com a tradição.

Quem é Buda? Ou melhor, quem é você?

O Buda histórico, que viveu na região hoje ocupada pelo Nepal e a Índia, foi uma pessoa real — um homem que superou o desejo, o ódio e a ignorância. O Budismo, a religião que prega sua doutrina, define-o como um mestre supremo ou até como um homem perfeito, mas nunca como um deus. Sejam quais forem os fantásticos poderes a ele atribuídos, Buda continua sendo um homem.

Ele foi psicólogo e, mais de uma vez, intitulou-se médico. Durante a sua longa carreira de mestre, ministrou a medicina do *insight*: *insight* dos nossos problemas humanos e de como transcendê-los. Anulou a distinção entre psicologia e doutrina religiosa. E criou um sistema de pensamento — a tradição budista — que dá respostas muito úteis e surpreendentemente contemporâneas às questões com que cada um de nós se defronta hoje.

O fato de Buda ser uma figura histórica não esgota os inúmeros significados de seu nome. A palavra buda passou a designar não só o Buda histórico mas também o próprio despertar, o Espírito de Buda. Este é transcendente e, ao mesmo tempo, está dentro de nós em todos os momentos. Assim como Buda permeia o universo, a Natureza de Buda nos permeia, fazendo de cada um de nós, de certo modo, um buda.

Já que somos budas, o que nos resta aprender ainda? Por que continuamos nos sentindo frustrados e decepcionados? Talvez seja porque ainda não percebemos que somos budas. Não o percebemos por sermos indulgentes com nós mesmos; precisamos seguir a trajetória budista que nos afasta do ego. Quando pararmos de guiar nossa existência pelos desejos do ego, passaremos a viver naturalmente como os budas que já somos.

Tão fácil de imaginar, tão difícil de realizar! Mas todos tivemos momentos em que despertamos, em que não vivemos em função de nós mesmos, em nós mesmos, e sim num fluxo mais amplo e profundo do ser. É a nossa verdadeira natureza aparecendo, rompendo a crosta do ego e da consciência com que nos ocultamos durante os longos dias da vida. Todos podemos ser — *e somos* — budas quando agimos como ele.

Que há neste livro?

Este livro visa ajudá-lo a ser o buda que você já é, a encontrar a sua Natureza de Buda e a consentir que ela o oriente na vida. O buda *em você* é o seu melhor mestre. Espero que as perguntas e respostas aqui expostas ajudem você a trazê-lo à vida.

A estrutura do livro é simples: compõe-se de 101 perguntas com que nos defrontamos na vida. Todas são respondidas por Buda — com as palavras encontradas nos textos sagrados do Budismo — seguidas de uma explicação contemporânea de como aplicar esses ensinamentos na nossa vida.

A aplicação dessas lições trará resultados reais para você pessoalmente? Eu acho que sim. Trouxe para mim, e eu não sou um budista sectário. Embora dê aulas de Budismo numa universidade, não pertenço a nenhuma organização budista, não entôo cânticos nem medito diariamente. Mas amo o Budismo, a sua sabedoria e a ajuda que ele me dá para tornar-me uma pessoa melhor. Eu descobri que Buda e toda a tradição budista falam diretamente comigo sem exigir que eu abra mão da minha liberdade.

Este livro encoraja você à sua liberdade. Não se limite a lê-lo — use-o à sua maneira, seja lendo-o vagarosamente em busca de um *insight*, seja consultando-o num momento de crise, em busca de um conselho. Espero que você fique à vontade para fazê-lo ao seu modo. Buda pedia aos seus seguidores que testassem as palavras dele. Eu convido você a testar estas.

O que Há de Errado Comigo?!

Um título duro, eu sei, mas ninguém se torna uma pessoa melhor congratulando-se pelos seus pontos positivos. Você estaria lendo este livro se estivesse satisfeito consigo mesmo e quisesse continuar exatamente como é? Como diria Buda, é preciso mudar sempre. Mesmo as águas da lagoa mais profunda estagnam quando falta ação.

Esta seção do livro concentra-se nas nossas imperfeições tipicamente humanas. Mas, felizmente, Buda não se limita a fazer o mero registro das nossas muitas falhas; ele aponta suas origens e nos dá dicas para erradicá-las. Eu o digo no sentido literal: "erradicá-las", que significa arrancá-las pela raiz. Nossos defeitos são como as ervas daninhas; se realmente quisermos nos livrar deles, não basta apenas podá-los, é preciso arrancá-los pela raiz. Erradicar o sofrimento: foi isso que Buda se esforçou para incorporar e ensinar.

Quem ler este livro encontrará pelo menos alguns problemas e questões que tratam diretamente da situação vivida. Vale a pena relê-los, guardá-los no coração e vivenciá-los. Então, aquilo que há de errado em você passará a ser o seu guia espiritual. A raiva, o tédio, a frustração — tudo isso irá tornar-se um mestre para você.

O que Buda faria se o odiassem?

Não é pelo ódio que se vence o ódio; o ódio é vencido pelo amor. Esta é a lei eterna.

Dhammapada 5

Com essas poucas palavras, Buda nos ensina o que talvez seja a suprema lei espiritual. O poeta romano Virgílio escreveu: "o amor tudo conquista". Eu não acredito. Há coisas que o amor não pode conquistar, mas sei que ele tem condições de conquistar o ódio. Por quê? Porque o difícil é combater o ódio. A violência, a vingança e, às vezes, até mesmo a desobediência civil aumentam a tremenda energia incorporada no ódio. Já o amor tira a energia do ódio, redirecionando-a tal como o praticante das artes marciais. Só que, aqui, as artes nada têm de marciais; são artes do amor. Como diz a canção, "Só o amor vence o ódio".

E o amor enfrenta o ódio de um modo que este é incapaz de abranger, com algo que está além de si mesmo: a compaixão. O ódio não pode ir além de si mesmo. Ele extrai a sua força da autodefesa do ego. Já o amor existe para transcender a si próprio e se fortalece com isso. Assim, é capaz de abranger o ódio, integrando-o a algo maior. O ódio vai sendo derrotado vagarosamente, como o grão de sal se dissolve na água doce de um lago.

O que Buda faria se um amigo o magoasse?

Não se deve especular sobre os defeitos dos outros, sobre o que fizeram ou deixaram de fazer. Pense, isto sim, no que você fez ou deixou de fazer.

Dhammapada 50

Buda, certamente, tinha razão. E por que digo isso? O cantor *country* Hank Williams costumava dizer que é melhor não nos intrometermos na vida alheia, pois o máximo que podemos fazer é cuidar da nossa. Ora, se Buda e Hank conseguiram concordar em alguma coisa, no mínimo *deve* ser verdade. Em todo caso, acho que posso dizer sem medo que qualquer um é capaz de atestar a verdade desse conselho. Viver com cautela não é fácil e requer atenção constante: e é justamente esse o ponto. Cuidar dos defeitos dos outros só nos atrapalha.

Isso não quer dizer que devamos dar de ombros para o mal quando topamos com ele. Não se esqueça que estamos todos no mesmo barco; Buda ensinou que nós não somos seres isolados. Portanto, devemos assumir a responsabilidade pelo mal — não criticando as atitudes alheias, mas superando-as com outras melhores. Para tanto, precisamos prestar atenção em nós, principalmente quando as nossas atitudes não forem tão bonitas assim.

O que Buda faria se adoecesse?

Ele veria que o corpo é marcado pela impermanência, pelo sofrimento, pelo vazio e pela falta do eu. Isso é sabedoria. Mas apesar do corpo abatido, ele permaneceria neste mundo de nascimento e morte, levando benefícios a todos os outros seres sem nunca se render ao cansaço nem à revolta.

Vimalakirti Sutra 5

Nessa passagem, "ele", evidentemente, é o bodhisattva, o ser-sabedoria que todos devemos nos empenhar para incorporar. Mas e se o corpo adoecer? Sim, até os budas ficam doentes. Quando enfrentamos esses problemas, ou outros ainda maiores, recebemos a lição fundamental da vida: tudo o que vemos, tudo o que tocamos, até mesmo o nosso ser, afinal de contas, são coisas efêmeras. Nosso corpo nunca é perfeito, nunca está livre de doenças; e, mesmo que ele nos seja fiel durante muito tempo, acaba nos traindo no final. Devemos encarar a doença como parte da vida, como parte do nosso corpo.

Não é o caso de nos render à doença — claro que não. Devemos combatê-la pelo bem deste mundo. Mas o sutra ensina a não nos exaurirmos na tentativa de evitar todas as enfermidades. Nós, ocidentais, somos obcecados pela saúde; parece que achamos ter direito a ela. Não temos. Algumas pessoas dedicam anos da sua vida à tentativa de adiar a morte. Pode ser que vivam muito, mas para quê? No fim, também acabarão morrendo.

O que Buda faria com a dieta?

Tendo emagrecido sem motivo, num abuso cruel de si mesmo, Buda percebeu [...] que esse não era o caminho da paz, nem do conhecimento, nem da libertação [...] Quem arruína o próprio corpo nunca despertará.

Buddhacharita 12.97-99

Por estranha que pareça a comparação, a verdade é que o esforço de Buda para despertar espiritualmente não é muito diferente da compulsão moderna de manter a forma física, que leva muita gente a passar fome em nome da beleza. Antes de despertar, Buda passou seis anos jejuando na tentativa de igualar-se aos outros jejuadores e de livrar-se das impurezas — a obesidade — de seu corpo. Por fim, passados tantos anos, percebeu que aquela autopunição só fazia enfraquecê-lo e confundi-lo. Lembre-se, estamos falando de Buda! Imagine o quanto não devem ficar confusos os adolescentes ou os que fazem dieta hoje em dia.

Reconheçamos que essa abstenção exige uma enorme disciplina, além de muita força, e procuremos encará-la como a medida da nossa grandeza de espírito. Depois lembremos, a nós mesmos e aos nossos entes queridos, que essa é a maneira errada de expressar essa grandeza. Buda despertou pouco depois de voltar a comer e a amar o seu corpo. Nós devemos aceitar e apoiar o nosso, apesar dos seus defeitos; então, com essa força renovada, poderemos nos aceitar e apoiar mutuamente.

O que Buda faria com a mentira?

Em certos casos, um bodhisattva pode matar, roubar, cometer adultério ou tomar drogas, mas nunca pode mentir. A mentira intencional contradiz a realidade.

Jatakas 431

É difícil imaginar Buda matando, roubando, cometendo adultério ou drogando-se. Contudo, em circunstâncias altamente incomuns, há histórias de Buda fazendo coisas assim — pelo menos em muitas de suas vidas de bodhisattva, antes de se tornar o Buda pleno. Certamente, ele sempre fez essas coisas com a intenção de salvar os outros da ignorância e da morte.

Em compensação, para Buda, é impossível mentir. Ele não faria isso nem mesmo para ajudar os outros. Por quê? Porque está em intenso contato com a realidade. A mentira conflita com a realidade e esconde a verdade das pessoas. Mesmo que ajude no primeiro momento, a longo prazo a mentira acaba causando danos. Um bodhisattva não pode mentir, nem nós. Mantenha-se no curso; lembre-se de que embora possa ser difícil no princípio, a verdade é mais fácil a longo prazo. Mark Twain dizia: "É mais fácil contar a verdade: a gente não precisa ficar se lembrando de nada."

O que Buda faria numa crise?

*Deixa de lado a deplorável apatia e enfrenta a crise com coragem!
Uma pessoa sensata mostra energia e determinação; o sucesso está
em seu poder, seja ele qual for.*

Jatakamala 14.11

"Desperte!", grita Buda. "Você tem o poder e a responsabilidade de agir. Em qualquer circunstância, a pessoa sábia mostra a determinação de dar o melhor de si." Buda pronunciou estas palavras em meio a uma terrível tempestade que punha em risco a vida de todos os que estavam a bordo de seu barco. Apesar do perigo e da necessidade de fazer alguma coisa, a tripulação estava apática. Por que isso? Parece absurdo.

Pode ser absurdo ficar passivo em face do perigo, mas é o que acontece muitas vezes e pelos mais variados motivos. Nós duvidamos de nós mesmos. Não confiamos na nossa tripulação. Perdemos a esperança. Essa é uma tendência natural, e alguns passam a vida inteira comportando-se desse modo. É uma pena, pois, sabe o que pode acontecer de pior? Fracassar pela inércia: eis o pior. Buda nos encoraja a despertar para a realidade e a agir. Isso, por si só, já é o sucesso.

O que Buda faria se ficasse frustrado?

Não tenhas a desconsideração de arrastar os móveis ruidosamente na sala. Tampouco batas as portas com violência. Encontra prazer na deferência.

Bodhicharyavatara 5.72

Eu sou grosseiro quando me sinto frustrado. Tenho o cuidado de não ser desagradável com os seres humanos; em compensação, desconto tudo nos pobres objetos! Quando envered por esse caminho, sou capaz de jogar as coisas longe ou de me irritar com uma pessoa, o que só faz piorar tudo. Isso lhe faz lembrar de alguém?

Vale a pena dar atenção a esse conselho de Buda. Evitar descarregar as nossas frustrações nas pessoas é bom, mas não basta. Mesmo assim, elas perceberão nosso sentimento e podem até sair machucadas (dirigir com raiva é tão perigoso quanto dirigir bêbado). O importante é fazer cessar o sentimento de frustração. Precisamos questionar a nossa impaciência, procurar-lhe a raiz. Por que estamos nos colocando em primeiro lugar neste momento? Temos uma necessidade genuína de estar em primeiro lugar? Normalmente a resposta é não. Se a frustração persistir, mas nós a superarmos, podemos nos dar um crédito pela nossa deferência.

O que Buda faria com a violência no trânsito?

Os que sabem controlar a raiva como um condutor controla o carro são bons condutores; os outros apenas seguram as rédeas.

Dhammapada 222

A raiva nos afeta a todos hoje em dia, talvez mais do que no tempo de Buda. Na privacidade dos nossos carros, damos vazão à raiva. Temos motivos para isso e nos sentimos seguros lá dentro, mas não podemos esquecer que os automóveis são armas enormes e letais — e que os outros veículos são armas apontadas para nós.

Leia uma vez mais o que Buda disse. Ele lembra que o verdadeiro controle não está na habilidade das manobras nem na maneira como você enfrenta o tráfego. O verdadeiro controle está na mente, que nos desvia da raiva. Devemos conduzir a vida como dirigimos os veículos. E devemos dirigir os veículos com autocontrole. Eu ouvi dizer que a melhor maneira de testar um líder espiritual é colocá-lo ao volante de um carro. Então você verá surgir a pessoa verdadeira, e verá ou o controle... ou um mestre perfeitamente dispensável.

O que Buda faria se um amigo lhe pedisse um favor?

Os avarentos decerto não vão para o céu. Os tolos não gostam de ser generosos. Mas o sábio se regozija em dar e encontra alegria nos mundos superiores.

Dhammapada 270

Ora, não se engane: Buda acredita, sim, em céu e inferno. A gente simplesmente vive uma ou outra vida no inferno até conseguir deixá-lo. Em todo caso, eu imagino que ali o tempo passa muito devagar. É bom pensar que a gente pode escapar dele fazendo alguma coisa neste mundo e uma boa coisa a fazer é ser generoso.

É tolice não gostar de ser generoso, pois só os tolos vêem o ato de dar como algo separado do resto da vida. Por vezes, a recompensa por dar está distante no tempo (não recebemos um obrigado, ou uma atenção, ou um presente em retribuição). Às vezes, está distante na emoção (nós damos friamente, apenas cumprindo um dever). Mas a recompensa está sempre presente, porque nenhum ato é separado do resto da vida.

Também é bom lembrar que uma dádiva nunca é merecida; se fosse, não seria mais que um pagamento. Por acaso nós queremos pagar nossos familiares e amigos? É claro que não. Pois, então, dê com prazer e contente-se ao receber um presente que você não merece.

O que Buda faria ao ser criticado?

Encara quem fala dos teus defeitos como alguém que te oferece um tesouro oculto, como um sábio que te mostra os perigos da vida. Segue essa pessoa: fazendo-o, verás o bem, não o mal.

Dhammapada 76

Buda sabe a quem devemos dar ouvidos. Não é aos bajuladores, às vezes nem mesmo aos que nos amam e nos deixam escorregar, mas sim a um crítico sincero. Uma pessoa dessas é uma bênção em nossa vida, pois mostra-nos quem realmente somos. Ouvi-la é uma oportunidade rara que não se deve deixar escapar. Certo.

O segredo é estar aberto. Nada melhor do que a crítica para revelar a infantilidade do eu defensivo. A mente infantil retrucará da pior maneira possível. E você verá as coisas que virão à tona. Buda nos desafia a não ser assim. Você está preparado para a crítica? Que tal esta: por que você está lendo este livro enquanto poderia estar doando sangue?

O que Buda faria se estivesse entediado?

Se achas uma coisa enfadonha, tudo acharás enfadonho.

Dogen, "Diretrizes para o Estudo do Caminho"

O tédio está no nosso caráter, não no mundo. "Se você está entediado", eu ouvi dizer, "é porque você é entediante." Pense nisso.

Quando você está entediado, a tendência é entediar os outros. Ao mesmo tempo, se está entediado, é porque você atrai o tédio. Não é o mundo que o aborrece, é você que aborrece o mundo. Essa é a interpretação de Buda.

Portanto, quando estiver entediado, pare de se sentir assim. Olhe para dentro de si e pergunte-se: "Por que eu estou desperdiçando este momento na vida?" A resposta a essa pergunta restaura tanto você quanto o mundo para a vida. O tédio torna-se impossível.

O que Buda faria se temesse o fracasso pessoal?

Eu sou poderoso a ponto de salvar o mundo? [...] Relembrando tudo quanto tinha ouvido, ele pensou bem e decidiu: "Vou ensinar a verdade pela salvação do mundo."

Buddhacharita 15.81-82

É difícil imaginar Buda com dúvidas, sobretudo depois do seu despertar, mas ele era uma pessoa e todas as pessoas, mesmo os iluminados, têm dúvidas. Buda pensou na enormidade do seu objetivo — salvar o mundo e todos os seres viventes! — e perguntou-se a si mesmo: "Será que eu tenho mesmo força para fazer isso?" E, tendo descoberto que a resposta era sim, cumpriu o seu dever. (Curiosamente, a palavra sanscrítica *dharma*, que significa "dever", também significa "ensinamento" e "verdade".)

Quando enfrentamos os maiores desafios, mesmo sabendo que estamos certos — principalmente sabendo que estamos certos —, pode ser que tenhamos uma consciência muito clara da grandeza da nossa aspiração e da insignificância da nossa capacidade. Tal como Buda, temos de nos valer de tudo o que sabemos, tomar uma decisão e, como ele, entregarmo-nos ao nosso dharma.

O nosso dharma não se compara ao de Buda em grandeza. Mesmo assim, é o nosso dever, e se nos permitirmos que ele nos ensine, ele passará a ser a nossa verdade.

Tornando-me um Novo Eu

Muito bem, você passou pela primeira parte do livro. Sorte sua! Sejamos menos críticos agora. Esta seção concentra-se nos problemas que, geralmente, revelam mais os nossos pontos fracos do que os pontos fortes. Aqui nos afastamos das nossas falhas rumo ao nosso potencial. Anunciamos o nascimento do **Novo Eu**.

Ora, não chega a ser tanto assim, mas, se conseguirmos enfrentar os problemas de coração e mente abertos, nos tornaremos pessoas verdadeiramente melhores. Buda lembra que nós, assim como tudo o mais, não somos imutáveis. A pessoa que você foi quando criança, até a que você era no ano passado, já não é a mesma de hoje. Você mudou e continua mudando. Quando você age com cautela e compaixão, torna-se melhor. É nesse momento que você se torna um **Buda**.

É claro que também regredimos; mas se insistirmos continuamente em agir como **Budas**, renasceremos continuamente como **Budas**. Eu reverencio esse nosso grande esforço.

O que Buda faria para mudar os outros?

Não examines as limitações alheias. Examina o que fazer para mudar as tuas.

Ensinamentos de Dakini 1

Uma frase tão breve e tão verdadeira, uma luz de sabedoria. Pelo menos a mim ela ilumina, sem dúvida. Ninguém chega a lugar algum tentando mudar os outros; mesmo assim, é o que acabamos fazendo o tempo todo. Essa é a desculpa que encontramos para não mudar a nós mesmos. E é por isso que as limitações que mais nos irritam nos outros são justamente as que encontramos em nós.

Durante as aulas que dou na faculdade, sou obrigado a examinar as limitações dos alunos. Ao fazer isso, tento ensinar cada um deles a fazer o mesmo por si próprio. Quando erro com eles (às vezes, literalmente), eu erro comigo. Olhando rapidamente para as suas limitações, eu me enxergo profundamente. Mesmo quando temos de prestar atenção nas limitações alheias, aprendemos mais examinando a nós mesmos. Mudar não é apenas a melhor maneira de nos ajudarmos; é a melhor maneira de ajudar os outros.

O que Buda faria para conter a língua?

Certamente, nós nascemos com um machado na boca e acabamos nos cortando com ele quando dizemos palavras tolas.

Sutta Nipata 657

Todos nós já ouvimos dizer que fulana "tem a língua afiada" ou que tal coisa é "uma faca de dois gumes". Você já relacionou as duas coisas? É o que Buda faz nessa impressionante metáfora. Diz que a nossa língua é uma arma afiada e de dois gumes, que fere, ao mesmo tempo, o que fala e o que ouve.

Considerando que nós nos ferimos quando dizemos tolices ou palavras ofensivas, vale acatar o ensinamento de manter a boca fechada. Buda compreendeu profundamente a unidade do "eu" com o "outro"; por isso nunca falou mal de ninguém, nem mesmo dos que o caluniavam. Também percebeu a inutilidade da conversa fiada quando o realmente necessário é trabalhar (ou seja, sempre). E superou a tentação de dizer tolices. Ele sabia que isso magoa os outros, levando-os à raiva e à perda de tempo. É verdade que nem sempre nós podemos estar em contato com a nossa Natureza de Buda, mas por todo o tempo podemos sentir esse machado na boca. Lembrar-nos disso, pode, às vezes, nos ajudar a ficar calados.

O que Buda faria com as distrações da vida moderna?

> *Tiantong disse, "Se não compreenderes, vais te envolver com tudo à tua volta".*
> *Mestre Yunmen retrucou, "Se compreenderes, vais te envolver com tudo à tua volta!"*

> **Testemunhos de Yunmen, Testemunho de Peregrinação 284**

Qual de nós não se distrai com as pequenas coisas? Sentimos que é preciso perseguir este ou aquele Grande Projeto e, no entanto, nos deixamos arrastar pelo fluxo dos acontecimentos. (Talvez nos deixemos arrastar justamente porque o *chamamos* de "fluxo" dos acontecimentos.) Como diz o ditado: "A vida é o que acontece enquanto a gente faz outros planos."

No diálogo da citação acima, dois mestres zen examinam a questão da distração. Tiantong exprime o que nós já discutimos: a nossa sensação de que a distração é um problema. Yunmen decerto sabe que isso é verdade. Porém, mais do que simplesmente concordar com essa importante e óbvia verdade, ele a contrapõe a algo mais profundo. Diz que, se você compreender verdadeiramente a realidade, continuará envolvido com todas as distrações da vida porque são elas que constituem a vida. A vida é vivida no momento presente, com toda a sua riqueza, com toda a sua confusão florescente e agitada. Quem não está envolvido com as distrações não está envolvido com nada.

A propósito, isso não quer dizer que você deva desistir do Grande Projeto. Mas não esqueça que todo Grande Projeto é feito de pequenas experiências.

O que Buda faria para evitar o esgotamento?

O esforço moderado durante um longo período de tempo é importante, independentemente do que estejamos tentando fazer. Fracassamos por trabalhar em excesso no início, ousar demais e então desistir de tudo depois de algum tempo.

O Dalai Lama

A vida é longa quando temos uma tarefa difícil a realizar. Nós adoramos simplesmente mergulhar de cabeça nas coisas e fazer tudo num momento de inspiração. Mas o mundo não funciona assim. Aliás, é preciso dosar as forças para a grande jornada, seja numa tarefa espiritual ou política.

O Dalai Lama conquistou o direito de dizer essas palavras. Veja o esforço permanente dele para salvar o povo e a cultura tibetanos da ocupação chinesa. Se damos valor às nossas causas, temos a obrigação de não fracassar, já que o nosso fracasso ocasiona o fracasso dos que nos seguem. Se não temos condições de empunhar a tocha até o fim, é melhor passá-la adiante do que deixá-la extinguir-se em nossas mãos.

O que Buda faria com os mesquinhos?

Quem tem a mente estreita precisa de uma lei rigorosa porque não acredita que pode vir a ser um buda.

Lotus Sutra 2

Onde começa a intolerância? Começa na mesquinhez que faz as pessoas acreditarem que os outros também são mesquinhos. Os intolerantes sentem necessidade de leis rigorosas para manter a paz e de códigos detalhados de conduta porque não confiam na bondade. Eles degradam a si mesmos assim como degradam os outros.

Buda via as coisas de outro modo. Era tolerante e aberto com as pessoas. Ensinou-nos a acreditar no que temos de melhor e a abraçar uma verdade mais ampla, pois temos potencial para nos tornarmos budas. Ele viu o nosso potencial, a nossa natureza desperta. Por isso ensinou uma "lei mais ampla" de aceitação e confiança. Onde começa a aceitação? Nós temos de pensar como Buda, abrir a mente e tratar de promover o bem dos outros. Quando acreditarmos na nossa natureza benigna, confiaremos nos outros.

O que Buda faria quando atacado?

Alguns se armavam de paus, tijolos e pedras para atacá-lo. Porém, mesmo fugindo, ele continuava gritando: "Eu não vos condenarei, porque vós seguramente vos tornareis budas!"

Lotus Sutra 20

Aqui Buda descreve um bodhisattva chamado "Jamais Condenar", que enfrentou o tratamento mais brutal sem nunca perder sua perspectiva. Mesmo agredido, ele continuava anunciando o futuro de seus inimigos: eles se tornariam budas.

Como Jamais Condenar conseguia manter a cabeça no lugar? Ele não perdia de vista a grande imagem: a de que todos os seres são budas e um dia agirão como tal. Com sua excepcional coragem e confiança, ele finalmente conseguiu fazer com que os agressores ouvissem o seu ensinamento.

Mesmo os que têm a sorte de não precisar enfrentar agressões perdem de vista, às vezes, a perspectiva. Devemos imitar o bodhisattva e ter em mente que um dia venceremos. Com essa perspectiva e muita paciência, podemos continuar a ser positivos, aconteça o que acontecer.

O que Buda faria se tivesse pouco para dar?

Uma pessoa confusa e aflita que oferecesse uma simples flor à imagem de Buda passaria a ver incontáveis budas.

Lotus Sutra 2

Oferecer uma coisa à imagem de Buda é um ato sagrado, mas o que importa é a intenção, não o tamanho da oferenda. Quando você dá o que tem, a oferenda é boa, por humilde que seja. Jesus disse que os centavos da viúva pobre eram uma doação muito maior que a fortuna do rico. Buda diz a mesma coisa aqui.

Isso vale tanto para as oferendas sagradas quanto para as não sagradas. Não importa se o que temos a oferecer é pouco, podendo dar, devemos dar. Ao viajar pela Ásia, vi gente muito pobre oferecendo presentes humildes nos santuários, e eu mesmo ganhei lembranças modestíssimas. Dar uma flor, receber uma flor, eis o grande prazer. Quando isso acontece, tanto quem dá quanto quem recebe vê Buda por perto.

O que Buda faria se os tolos o irritassem?

Certas pessoas são como crianças grandes: prejudicam as outras sem perceber. Irritar-se com esses tolos é o mesmo que se zangar com o fogo porque ele queima.

Bodhicharyavatara 6.39

Nem todos amadurecem, por mais velhos que sejam. Muita gente anda por aí destruindo as coisas, às vezes só por destruir. Em outras ocasiões, nem sequer percebem o dano que causaram. É claro que isso nos aborrece, e uma palavra dura ou um grito talvez ajudem (pelo menos, ajudam a nós). Essas pessoas são como crianças ou bichos; é de sua natureza causar problemas.

Aqui, o ensinamento de Buda é separar a censura imediata da raiva duradoura. Quando você está disciplinando um filho pequeno, deve fazê-lo o mais depressa possível. Tratando-se de um animal de estimação, é preciso ser muito rápido. Poucas horas depois, eles esquecem tudo, e você também deve esquecer. Seria justo bater numa criança porque você está com raiva? É claro que não. Mas bater numa criança para castigar uma travessura antiga é pior ainda.

O que Buda faria para não perder a hora?

Podes achar que o tempo está passando e não te dares conta de que ele ainda nem chegou [...] As pessoas só reparam no tempo que passa e não enxergam que a realidade do tempo reside em cada momento.

Dogen, "Sendo-tempo", Shobogenzo

Em sua linguagem singular, o mestre zen Dogen tenta nos despertar para o momento. O que é o tempo? Ou talvez: quando é o tempo? A hora é agora; agora é o que é e quando. Nesse sentido, nós estamos sempre na hora certa. Onde mais estaríamos? Esteja neste momento. Comece agora.

Estar no momento beneficia a nós e ao mundo. Só sentimos que o tempo passa depressa demais quando não estamos no fluxo do tempo. Então, sim, nos atrasamos. Não espere o momento chegar; ele não chega. Em vez disso, perceba a sua própria presença neste momento, no agora. Quando você eliminar a sua separação em relação ao tempo, começará a deixar de perder a hora.

O que Buda faria ao preparar uma salada?

Toma uma folha verde, transforma-a no corpo de Buda; toma o corpo de Buda, transforma-o numa folha verde. Esse é o prodigioso processo de salvação de todas as coisas vivas.

Dogen, "Instruções de Culinária", Shobogenzo

Embora gostemos de dizer que os melhores prazeres são os simples e de afirmar que adoramos as pessoas que são o sal da terra, a maioria de nós não age assim. Podemos achar que todas as coisas fazem parte da criação divina, mas não as tratamos como tal. O ensinamento de Buda nos convida a praticar o que pregamos.

Se Buda pode ser encontrado numa simples folha, é sinal de que ele está em toda parte. As escrituras budistas dizem e repetem que todas as coisas são o corpo de Buda. O segredo está em vê-las assim. Dogen enfatiza que isso é, ao mesmo tempo, prática e despertar: se tratarmos a folha como Buda, não precisaremos dar uma atenção especial ao corpo de Buda, pois já estaremos estendendo o nosso cuidado no mundo inteiro. Agir assim é agir como Buda; agindo como Buda, nós somos budas. Sendo budas, salvamos tudo quanto existe. Isso começa com a folha.

O que Buda faria se ficasse com sono ao ler este livro?

Sê normal, sem procurar agir de modo especial. Deixa teus intestinos funcionarem, urina, veste a roupa, come a tua refeição e deita-te quando tiveres sono.

Testemunho de Linji 13

Quando procuramos ser espirituais, temos a tendência a descuidar do corpo e até negá-lo. Não é o que Buda recomenda; ninguém foi feito para trilhar o caminho da renúncia. Aliás, com o desenvolvimento do Budismo, a doutrina passou a ver o corpo como o portador de Buda, como o próprio Buda.

O mestre zen Linji insiste que nós devemos ser aquilo que somos. Não há necessidade de fingir que você não está cheio de excrementos — tanto mentais quanto físicos. Simplesmente aja conforme os ditames do seu organismo. Não tente mentir que você tem o corpo puro ou que pode funcionar sem ele. Seu corpo tem uma grande sabedoria; trate-o bem e não fique perturbado por causa dele.

O que Buda faria se estivesse esperando um táxi debaixo de neve?

> *Um monge perguntou: "O que significa ir a um lugar onde não haja frio nem calor?"*
> *Tung-shan respondeu: "No frio, tu te congelas; no calor, te queimas."*

Testemunho da Colina Azul 43

Esse diálogo é o ponto central de um famoso *koan*, uma história zen que visa despertar o aluno para a realidade. Não tendo conseguido decifrar o *koan* para mim mesmo, não posso decifrá-lo para você, mas posso falar da verdade budista que ele expressa.

O mestre zen Tung-shan aconselha o monge a superar o vão existente entre o eu e as sensações físicas. Quando as meras sensações constituem a experiência, o ego se anula. Nesse momento, o desconforto físico cessa junto com o ego. O frio congela-o até a morte. O calor queima-o até a morte. A morte o liberta de si mesmo. Esse ensinamento zen remete ao fundamental despertar de Buda em relação à ilusão do ego.

Da próxima vez que você estiver sofrendo por causa do calor, do frio, do vento, da dor de cabeça ou do que for, simplesmente sinta-os sem fazer avaliações. Relaxe. Deixe que a sensação o mate. Até um principiante é capaz disso.

O que Buda faria para punir um empregado?

A melhor ocasião para mostrar o teu bom caráter é quando uma pessoa mais frágil te importuna.

Jatakamala 33.13

Quando uma pessoa mais forte o ofende, não há grande virtude em impedir-se de revidar. Você sabe que seria temerário reagir. Quando uma pessoa igualmente forte o magoa e você não se desforra, está começando a mostrar sabedoria e inteligência. Mas não reagir a uma pessoa mais fraca, a uma que não pode lhe fazer mal, esse é o verdadeiro teste de caráter.

Numa situação em que você pode deixar impune quem merece castigo, surge o seguinte dilema: Agir com justiça ou com piedade? Você pode ser o instrumento da dor ou o do amor. Buda nos aconselha a optar pelo amor. Por quê? Não é só por uma questão de gentileza, mas porque a desforra aumenta a dor no mundo — ao passo que a piedade estanca a dor e promove a compaixão. Antes de ser um fantoche do ódio, gerando novas ondas de hostilidade, você pode criar ondas de piedade. Fará bem a si mesmo e talvez mude a pessoa que o ofendeu. Isto sim é a *verdadeira* cultura da solidariedade.

O que Buda faria se sentisse que a vida está passando?

Atenção é vida; desatenção, morte. Os atentos não param nunca; os desatentos já estão mortos.

Dhammapada 21

É freqüente ouvirmos dizer que o segredo da eterna juventude é estar envolvido com a vida. As vigorosas palavras de Buda explicam por quê.

A atenção, o cuidado e a vigilância nos envolvem com o fluxo da vida e com cada momento que vivemos. Sem atenção, nós morremos imediatamente para o momento e perecemos aos poucos para todas as outras coisas. Sendo desatentos, distraímo-nos da vida; não só da vida dos que nos rodeiam, mas da nossa própria.

No nível superior, quando ficamos inteiramente atentos à vida, já não sobra espaço nem mesmo para a ilusão do nosso ego. Para quem vive assim atento, a morte de fato não existe, pois o ego é absolutamente transparente. Não sei ao certo se um dia chegarei a esse estágio, mas o próprio esforço para alcançá-lo me enche de vida.

Puro Amor

"Oh, é o amor, é o amor que faz girar o mundo!", disse a duquesa em *Alice no País das Maravilhas*, parafraseando um verso de *A Divina Comédia* de Dante. Enquanto tivermos ouvidos para ouvir e olhos para ver, o amor há de marcar o ritmo do mundo. E que amante não sentiu a terra girar e as estrelas bailarem num momento de alegria compartilhada?

Acontece, porém, que o amor — seja o bem-sucedido ou o perdido, seja o encontrado na fusão de dois seres ou na expansão de uma alma até o cosmos — não passa de uma comédia. Nós procuramos amar e tantas vezes fracassamos. Fracassamos no encontrar. Fracassamos no conservar. Fracassamos no compreender, no compartilhar, no perder. Fracassamos e tornamos a fracassar e, mesmo assim, voltamos a tentar. É o próprio tema da comédia: tão humano, tão enternecedor, tão bonito.

Muita gente entende mal as palavras de Buda a respeito do amor. Ele nunca proibiu ninguém de amar, mas apenas lembrou que o amor leva ao apego; e este, ao sofrimento. A vida reclusa não é para muitos. No que nos toca, mesmo aos mais desiludidos, a vida com amor é preferível à que dele carece. Eu espero que, ao ler esta seção, você encontre perguntas e respostas capazes de ajudá-lo a amar e até a desfrutar o processo de aprendizado do amor.

O que Buda faria se um ente querido fosse embora?

Qual uma estrela cadente, uma cegueira, uma lâmpada,
Um passe de mágica, gotas de orvalho ou uma bolha,
Qual um sonho, um relâmpago ou uma nuvem,
Assim deveríamos encarar tudo que é condicionado.

Sutra do Diamante 32

Aqui Buda fala sobre a natureza fugaz de todas as coisas condicionadas ao tempo e ao espaço. Os nossos amores, a nossa vida, inclusive o nosso eu são assim. Quando as alegrias chegam ao fim, o que resta? Apenas a consciência de que eram como um sonho e se dissolveram no ar.

Nós gostamos de ver estrelas cadentes e passes de mágica, mas devemos desfrutá-los enquanto acontecem. Afinal, não é justamente a fugacidade que torna tão especial uma estrela cadente? Ninguém espera que ela se perpetue e ninguém deve esperar que o prazer de uma companhia dure para sempre. Quando sentimos falta de uma pessoa, estamos com saudade dos momentos que vivemos juntos — momentos que, por sua própria natureza, precisam passar. Só a passagem dos instantes vividos permite a chegada dos novos; precisamos estar no presente para experimentá-los. Buda fazia isso e viveu a vida plenamente. É a nossa vez de fazer o mesmo.

O que Buda faria se um ente querido morresse?

Não é com o pranto nem com o lamento que obtemos a paz de espírito. Aumentamos a miséria; maltratamos o nosso corpo. Ficamos magros e pálidos, destruindo-nos com o nosso próprio poder.

Sutta Nipata 584

Há ocasiões em que precisamos chorar se quisermos continuar sendo humanos. São situações em que os nossos sentimentos exigem expressão, ainda que ela cause constrangimento ou comoção naqueles que nos observam. Buda sabia dessa necessidade humana, e não é a isso que ele se opõe. Quando uma vida chega ao fim, temos necessidade de lamentar. Porém, uma vez que enfrentamos e expressamos a nossa dor, temos que deixá-la ir embora.

Aí está a dificuldade, pois nós nos apegamos ao pesar. Aferramo-nos a ele como éramos apegados àquele cuja perda nos causa dor. Esse apego nos esgota e nos impede de canalizar a energia para outra pessoa. Continuamos presos aos que amamos. O poeta japonês Issa escreveu este haikai* por ocasião da morte de uma filha: "Este mundo de orvalho, / Este mundo é de orvalho; / e no entanto, e no entanto..."

Como o poeta aspira à permanência! Mas ele não a encontrará; nem nós. Se suas lágrimas não lhe trarão a filha de volta, talvez seu poema devolva a ele — e a nós — a consciência de como as coisas realmente são. E até o seu lamento morrerá.

* Poema lírico japonês em versos não rimados. (N.T.)

O que Buda faria para ser um bom marido ou namorado?

De cinco modos deve o marido servir à esposa: respeitando-a, tratando-a com delicadeza, sendo-lhe fiel, conferindo-lhe autoridade e adornando-a.

Digha Nikaya 31

Antes de desenvolver a recomendação de Buda, devo reconhecer o quanto ele foi incapaz de segui-la. Buda abandonou a mulher e o filho pequeno para trilhar o caminho da renúncia. Que fazer com isso? Decerto ele lhes causou muito sofrimento. No entanto, tinha sido obrigado a casar-se a contragosto, e a tradição conta que retornou para convertê-los ao Budismo e orientá-los em seu despertar. É tão difícil julgar as escolhas de um jovem, e devemos ter cautela ao julgar as dele.

O conselho de Buda continua sendo incrivelmente atual, 2.500 anos depois. Repare no que se baseiam esses cinco modos de tratar a esposa: dar-lhe atenção como pessoa amável e competente. À esposa, deve-se dar amor e fidelidade, mas também autoridade. Esse conselho, chocante na Antigüidade, é hoje uma simples obviedade e contrasta fortemente com as palavras do Novo Testamento. Tanto o Catolicismo quanto o Budismo promovem o amor, mas o Budismo não estabelece uma hierarquia no casal — seu enfoque são os compromissos emocionais do marido com a esposa.

O que Buda faria para ser uma boa esposa ou namorada?

> *De cinco modos deve a esposa, inspirada pelo marido [...] dedicar a ele o seu amor: cumprindo bem as suas obrigações, recebendo os parentes dele com hospitalidade, sendo-lhe fiel, administrando o seu dinheiro e fazendo com habilidade todo o seu trabalho.*
>
> *Digha Nikaya 31*

Essa é a segunda metade da recomendação de Buda ao casal. O que nos chama a atenção aqui? O enfoque notável nos deveres da esposa como uma parceira terrena. Como a esposa deve amar o marido? Encarregando-se de boa parte das responsabilidades do casal.

Os deveres da esposa projetam-na poderosamente para fora, para o mundo — não só nas relações pessoais, mas em diversos tipos de trabalho. Buda menciona especificamente a responsabilidade dela com o dinheiro. Aqui a imagem se concentra na competência e no comando. Em contraste com as obrigações emocionais do marido, Buda enfatiza os deveres materiais da esposa.

Repare que só se faz uma única exigência tanto ao marido quanto à esposa: ambos devem ser fiéis. Somente com essa integridade e compromisso uma relação duradoura consegue florescer.

O que Buda faria com os pais que não o compreendem?

Todos os pais amam naturalmente as palavras dos queridos filhos, mas não mudam de idéia.

Jataka 544

É difícil mudar a maneira de pensar de uma pessoa, seja sobre o que for. Tanto mais a de um pai ou uma mãe. Afinal, quando o filho cresce o bastante para discordar inteligentemente, os pais estão mais velhos ainda. Os seus pais lembram-se de quando você ainda era um pirralho que nada sabia. Aliás, lembram-se do mundo de antes de você nascer: um mundo que ia muito bem, obrigado, sem a sua sabedoria.

Seus pais o amam, e, sem dúvida, você lhes ensinou muito. Mas mudar-lhes o modo de pensar sobre algo importante é uma das coisas mais difíceis do mundo. Nessa situação, é bom lembrar o seguinte: primeiro, assim como você tem o direito de viver a sua vida, eles têm o de viver a deles. Talvez valha mais a pena deixá-los continuar pensando como pensam. Segundo, como sugere Buda, eles o amam naturalmente e querem vê-lo feliz. Se você acha mesmo necessário mudar-lhes o modo de pensar, não o faça com palavras: faça-o mostrando a eles o quanto o seu modo de pensar o torna feliz a longo prazo.

O que Buda faria para cuidar dos pais idosos?

Outrora eles me sustentavam; agora serei eu o seu sustento. Cumprirei os deveres que eles cumpriram e manterei a família e suas tradições. Preservarei a minha herança e tratarei de ser digno dela.

Digha Nikaya 31

"Outrora eles me sustentavam; agora serei eu o seu sustento." Que bela frase, que belo sentimento — e que coisa difícil de conseguir hoje em dia. O sentido das palavras de Buda é inequívoco: o dever do filho para com os pais não expira nunca. À medida que as pessoas vivem mais, enfrentamos esse dever mais cedo e o cumprimos durante mais tempo. Na época em que Buda viveu, os pais morriam poucos anos depois de aposentar-se. Agora vivem décadas — e esperamos que vivam. Mas poucos países estão preparados para essa nova situação, e poucas empresas reservaram o suficiente para enfrentá-la. Assim, a carga recai sobre a família. Se os pais não são capazes de prover o próprio sustento, cabe aos filhos sustentá-los.

Releia as palavras de Buda; ele não se detém na questão do sustento dos pais. Os deveres dos filhos estendem-se à conservação da própria família. Nestes dias de debate sobre os "valores da família", Buda não entra em detalhes; fala em princípios. O nosso dever é manter as tradições e tratar de ser dignos delas. A maneira mais profunda de honrar os pais é levar a herança deles para o futuro.

O que Buda faria numa crise familiar?

A família unida é como uma floresta,
Ao passo que a árvore solitária é abatida pela tempestade.

Jataka 74

Buda lembra que não somos muito diferentes das outras coisas vivas, nem mesmo das árvores. Ele recorre à metáfora das árvores: natural, enraizada e profundamente poderosa.

Tal como um aglomerado de árvores que, estando juntas, se protegem mutuamente contra o vento, as famílias precisam ficar unidas para enfrentar qualquer tempestade que as ameace. Uma pessoa isolada é como uma árvore solitária; ela enfrenta o vento sozinha e pode se quebrar. Mas uma família cujos membros se arrimam é muito mais forte que cada um deles isoladamente. Na floresta, as árvores estendem os ramos para as outras; é assim que elas se apóiam na tempestade. Não é muito diferente das famílias, é? Nós também não estendemos os braços para os outros e não nos apoiamos mutuamente durante as crises?

Nessas ocasiões, é difícil manter a união. Suas raízes podem embaraçar-se, o sol pode ficar bloqueado para você. Chega a ser frustrante e até doloroso. Mas, se você apoiar a sua família, ela o apoiará, e a força que vocês terão juntos é a maior deste mundo.

O que Buda faria caso o filho dele se comportasse mal?

Nada te irrita mais que uma criança malcomportada. Mas toleras o mau comportamento do teu filho porque ele é "teu".

Bankei, Os Sermões de Hoshinji

Por que damos liberdade aos nossos filhos para se comportarem tão mal? Porque, como sugere Bankei, nós os vemos como uma extensão de nós mesmos. Não queremos que eles se sintam mal: esse é o lado bom da nossa indulgência. Tampouco queremos que tenham limites: esse é o lado ruim, pois os limites são inevitáveis e nós precisamos nos pautar por eles na vida. Um pai ou uma mãe que deixa de mostrar os limites ao filho cria um ambiente nada feliz ao redor da criança e, por fim, cria um filho infeliz. Temos de aprender a dizer "não".

Buda não quer esmagar o espírito dos nossos filhos. Aliás, alerta-nos para que estimulemos neles a consciência de que a felicidade e a satisfação vêm de dentro, não de fora. Muitos de nós agem como se as crianças fossem incapazes de compreender tal coisa. Naturalmente, aceitar isso é difícil para elas; assim, é melhor acostumá-las a essa idéia desde cedo. Não deixar que a criança comande a sua vida é um aspecto disso. Não usar de indulgência para criar felicidade é outro. E mostrar à criança que você segue os mesmos princípios que ensina pode ser o mais importante de todos.

O que Buda faria ao receber a visita dos parentes?

Tratar os parentes que te visitam da melhor maneira possível é bom e aconselhável, porque promove o bem aqui e no outro mundo.

Mangalasutra Atuva,
Saddharmaratnavaliya

Nós sabemos como os familiares podem ser difíceis — principalmente nos feriados, quando passamos uma eternidade juntos. Buda não exige que sejamos anfitriões perfeitos quando os parentes despencam em casa feitos gafanhotos, mas nos diz duas coisas: Primeira: trate os seus familiares tão bem quanto lhe for possível. Isso é óbvio, e nós não devemos deixar por menos. Segunda: seu esforço será recompensado, não só com a bênção de uma família mais feliz, mas também com um futuro que você nem pode imaginar.

Esse é um pensamento adorável. Mesmo que, como eu, você duvide de uma vida pessoal após a morte, não é difícil entender o ponto de vista de Buda. A família continua depois de você. Ela cria o próximo mundo. Seja bom para ela, e esse mundo há de ser um lugar melhor, pouco importa como. Desse modo, o bem que fazemos em casa perpetua-se através das gerações.

O que Buda faria se as pessoas competissem para lhe chamar a atenção?

"Se um casal tem sete filhos e um deles ficar doente, ainda que ame cada filho com o mesmo amor, o casal pensará mais naquele que adoeceu." Assim como os pais pensam mais no filho doente, Buda pensa mais no homem mau.

Nichiren, "O Inverno Sempre se Transforma na Primavera"

Buda ama a todas as pessoas, mas não dedica a mesma quantidade de tempo a cada uma delas. Naturalmente, ele oferece seu tempo aos doentes, não aos sadios. Jesus descreveu o seu ministério de modo semelhante e, por injusto que possa parecer, isso expressa amor. Nichiren compara Buda a um casal que ama os filhos. São como médicos, porém mais envolvidos e dedicados ao filho que precisa de cuidado. Não se trata de favoritismo; trata-se simplesmente de ser bons pais.

Quando os pais dedicam tempo extra a um filho, não podem dedicá-lo aos outros. Essa situação pode tornar-se difícil caso o filho sofra de uma doença grave, o que poderá exigir atenção especial durante anos. Numa crise, não só os filhos precisam de consideração especial; às vezes, até os amigos reclamam um cuidado que você não pode dar igualmente a todos. O que fazer? A resposta está no amor. Se cada filho ou amigo souber que você o ama, todos eles podem esperar para receber a sua parcela de atenção. Isso não quer dizer que irão gostar de esperar — quer dizer que podem lidar melhor com essa situação.

O que Buda faria para reforçar uma amizade?

> *Um amigo em necessidade dá sete passos para nos ajudar.*
> *Um verdadeiro companheiro caminha doze para nos oferecer ajuda.*
> *Uma pessoa que anda semanas conosco é um parente;*
> *Se nos acompanhar mais tempo, ela se tornará nós mesmos.*

Jataka 83

Talvez a pergunta devesse ser alterada para "O que Buda *não* faria para reforçar uma amizade?", já que ele faria muitíssimo. Caminhando com os amigos quando eles precisam de nós, ficamos todos mais próximos. Buda nos diz que, quando os amigos precisam de alguma coisa, nós devemos dá-la — não só para gratificá-los, mas também para estabelecer um vínculo mais profundo entre eles e nós.

Buda enfatiza que se deve promover essa ligação entre amigos, pois ela mostra quem realmente somos. Afinal, o que é um amigo senão uma pessoa na qual vemos a unidade fundamental de todas as coisas vivas? Amamos os nossos amigos porque os compreendemos, compartilhamos algo com eles, sentimo-nos ligados a eles. A amizade com solidariedade leva ao companheirismo, que, por sua vez, conduz à afinidade. E a afinidade revela que não há separação entre o nosso eu e o eu dos amigos. Caminhando juntos, estando presentes para o outro, percebemos que não podemos ser nós mesmos separados deles.

O que Buda faria se um amigo abusasse das drogas?

Quando uma pessoa erra, é correto os seus verdadeiros amigos levarem-na, mesmo à força, a fazer o que é certo.

Jatakamala 20.23

O mundo moderno submete-nos a uma grande pressão, mas também nos oferece muitos meios de escapar dela. Os fins de semana, os bons filmes, os parques, a comida sadia, o tempo com a família — tudo diminui a tensão, preparando-nos para enfrentar de novo a pressão e as responsabilidades. O mundo também proporciona meios viciosos e perigosos de evasão: as drogas legais e ilegais, o comportamento violento ou abusivo, a depressão — a lista é enorme. Nós todos já vimos um amigo enveredar por esse caminho. E fomos amigos dele quando foi preciso?

Buda nunca ouviu o termo "intervenção", mas é exatamente isso que ele exige com as palavras acima. Mesmo que às vezes seja preciso usar a força, devemos tentar ajudar os amigos quando a força deles para ajudar a eles mesmos se exauriu. Talvez essa seja a tarefa mais difícil do mundo (além da de ajudarmos a nós mesmos). E, em geral, também é a menos compensadora. Por isso mesmo, é profundamente sagrada.

O que Buda faria para entender o relacionamento dele com as outras criaturas?

Não existe uma única criatura viva que não tenha sido teu pai ou tua mãe. Portanto, em retribuição à bondade dessas criaturas, empenha-te em trabalhar pelo bem-estar delas.

Ensinamentos de Dakini 1

Este mundo é antiqüíssimo, muito mais do que somos capazes de conceber. O Budismo ensina que, na contagem dos anos e por meio do processo de reencarnação, toda pessoa e todo animal vivo já foi sua mãe ou seu pai pelo menos uma vez. O amor que demonstraram ter por você em vidas passadas ainda precisa ser recompensado. Você deve honrá-los e amá-los esforçando-se para ajudá-los.

Esse ensinamento está na própria origem do Budismo tibetano e provém da boca do grande bodhisattva Padmasambhava. Ele não espera que salvemos a alma de todas as coisas vivas, mas simplesmente que trabalhemos "pelo bem-estar delas". Em sua grande compaixão, ele aconselha-nos a fazer todo o necessário em benefício da biosfera. Mesmo que não acreditemos na reencarnação, essa prática nos ajuda a retribuir o amor de toda pessoa ou animal vivo, sendo pai ou mãe de cada um deles. Que bela maneira de despertar o nosso amor pelas outras criaturas!

O que Buda faria para ajudar os outros?

Ele gera este pensamento puríssimo: "Eu nunca abandonarei nenhuma coisa viva. Amarei todas as coisas vivas como uma única. Levarei todas as coisas vivas ao nirvana!"

18.000 Versos de Perfeição da Sabedoria Sutra 11

Freqüentemente, encarnação após encarnação, Buda dá tudo, inclusive a vida, para ajudar os demais. Mas, não sendo como ele, o que podemos fazer? Buda nos chama de bodhisattvas, seres compassivos que estão aqui, neste mundo lacerado, para ajudar todas as coisas vivas. As palavras acima descrevem o ideal a que devemos aspirar.

Este é o compromisso principal do bodhisattva: devotar a existência e o futuro para salvar todas as coisas vivas. Sim, parece algo assustadoramente sagrado, mas milhões de bodhisattvas, em todo o mundo, repetem este juramento: "Inumeráveis são as coisas vivas; eu juro salvá-las." Comece consigo mesmo, e pode ser que a grande compaixão o domine também.

Entusiasmo pela Vida

Ah, eis o néctar! Agarrar, prender e "dilacerar os nossos prazeres, numa luta brutal, pelos portais de ferro da vida". Eis onde festejamos e bebemos, eis onde nos agarramos e nos perdemos em meio aos nossos prazeres. Tudo isso parece tão bom, tão delirantemente bom, mas, no nosso delírio, também causamos dor. Por quê?

Com mais ênfase do que nos outros ensinamentos, Buda nos exorta a lutar contra esse delírio, contra a loucura do amor que tão facilmente deriva para a insanidade da luxúria. Não apenas a luxúria do sexo, mas a volúpia de todos os apetites, inevitavelmente nos causa dor. No ímpeto inicial, não sabemos quando o sofrimento virá, mas ele virá. Às vezes vem imediatamente, como no caso da gula; em outras, quando nos esquivamos, como no adultério; em outras, vem quando a própria vida nos escapa, como acontece com as drogas.

Então queremos saber como é possível desfrutar este mundo físico, o eu físico, sem provocar a nossa própria ruína. Parece melodramático? Talvez sim, mas, na verdade, não é outra a batalha que enfrentamos todos os dias. Nossos desejos são infinitos, insaciáveis, impossíveis — coisas que a vida nunca pode ser. Buda nos ajuda a solucionar esse conflito. Suas palavras, nesta seção, levam-nos ao âmago de sua doutrina, à sabedoria que transcende o desejo.

O que Buda faria com a luxúria?

Um velho leva para casa uma jovem de seios viçosos.
O ciúme não o deixa dormir. Eis o que o conduz à ruína.

Sutta Nipata 110

Esta dupla é bem conhecida: o velhote com a mocinha. O que esses casais têm em comum? São escravos do prazer. Não interessa a Buda o tipo de prazer. O que importa é a miséria que sentimos quando ansiamos por ele, quando o perdemos ou sentimos sua falta ou quando — como no caso citado — mesmo já o tendo obtido, padecemos no esforço de preservá-lo.

Quem não vive assim? Eu estou digitando estas palavras num computador novo em folha. Paguei uma fortuna por ele. Cuido muito bem dele. Só o seu seguro me custou o equivalente a um dia inteiro de trabalho — a vã tentativa de protegê-lo de possíveis danos. Fiquei na dúvida se deveria usá-lo hoje, já que é arriscado sair com ele. Mas, puxa vida, um *laptop* afinal! Por acaso eu não estou me comportando como o velhote que passa a noite inteira em claro procurando um meio de conservar a moça só para ele? Era assim que ele imaginava as noites que passaria com ela? (Sobre o que os dois conversam?) Sim, o meu desejo por este computador pode me levar ao fracasso. Afinal, a cobiça por ele não é tão diferente assim da luxúria. Trata-se de *hard drives*, de memória RAM, do mais avançado sei-lá-o-quê — e, claro, de ser visto com ele. Buda nos aconselharia a viver com o que temos e a aceitar tanto a sua chegada quanto a sua partida.

O que Buda faria com o adultério?

A fama e a reputação que ele tinha, seja lá quais fossem, decerto desapareceram. [...] Derrotado, ele rumina fantasias como um tolo. Quando ouve os ultrajes que lhe dizem, fica deprimido. Instigado pelos outros, torna-se o seu pior inimigo. Este é o seu grande problema. Ele se deixa enganar pelas suas próprias mentiras.

Sutta Nipata 817-819

É claro que ler isso nos traz à memória as lamentáveis escapadelas de um certo presidente norte-americano e de outros políticos. Típico daqueles que se deixam levar pelo impulso sexual, esse comportamento é o preferido das pessoas que, como os políticos, anseiam pela aprovação pública e pelas atenções privadas.

Vale a pena perguntar-se quais seriam o legado e a reputação do presidente Clinton não fossem os pueris e desastrados escândalos sexuais em que ele se envolveu. Mas talvez o mais importante seja procurar aprender alguma coisa com o seu comportamento. Afinal, não somos todos cheios de conflitos sexuais como ele? Liberados e ao mesmo tempo puritanos; *voyeurs* e simultaneamente secretos; publicamente mergulhados em sexo e muitas vezes estreitos ou compulsivos na vida privada? Acaso queremos ganhar e perder os nossos líderes (e a nós mesmos) com coisas desse nível? E os nossos amigos? Buda não aprovaria o adúltero, mas tampouco o abandonaria.

O que Buda faria se ficasse bêbado?

São seis as conseqüências da bebida: o declínio da saúde, o aumento das brigas, o risco de adoecer, a aquisição de uma péssima reputação, a conduta indecente e a destruição da inteligência.

Digha Nikaya 31

Buda não se cansava de repetir que todos os atos geram conseqüências. Beber pode ser gostoso no momento, mas deixar-se embriagar muitas vezes resulta nessas seis desastrosas conseqüências.

Isso significa que Buda reprova toda e qualquer ingestão de bebida? Sim, mas só em suas regras para monges e monjas. Para a grande maioria das pessoas, seu conselho é mais ou menos o seguinte: "Não abuse das substâncias tóxicas."

Mas o que é abusar? Isso nós temos de decidir sozinhos. Agora que sabemos que o vinho tinto faz bem ao coração, um copo de *syrah* (ou de *zinfandel,* ou de *cabernet* — a lista é grande e sedutora) não chega a ser um abuso, e pode até ser encarado como "medicinal". Cada qual deve se perguntar: o que este cálice de vinho faz à minha lucidez? Consigo tomá-lo e continuar consciente, desperto? Se a resposta for não, é bom parar. Não abusar da bebida nem das drogas é um preceito válido para todos.

O que Buda faria com o hábito de tomar café?

O nosso país está cheio de gente magra, de aparência doentia, simplesmente porque nós não tomamos chá. Quem se sente debilitado deve tomar chá.

Kissa Yojoki

Os viciados em café que me perdoem, mas esse vício, como qualquer outro, não é coisa que Buda encorajaria. Eu sei, o café estimula; eu sei, faz parte do ritual matinal. Mas o problema é que você não se sente estimulado sem ele, e esse ritual particular não conta como uma meditação, mesmo que dure meia hora e que você o execute diariamente e que o sinta como uma obrigação.

A citação budista acima propõe que você tome chá — principalmente os chás verdes — em vez de café. Depois da água, o chá é, sem dúvida, a bebida mais popular do mundo, e também é sadio. Porém, mesmo o chá pode transformar-se num vício. Quando nós temos de tomar alguma coisa, a verdade é que essa coisa já *nos tem*. Pergunte-se quem é que está no comando: você ou essas coisas de que você "precisa" tanto. Se não for você, algo está muito errado.

O que Buda faria com os bens materiais?

Veja como eles se debatem pelas tão estimadas propriedades, como peixes agonizando num rio que secou.

Sutta Nipata 777

Buda nos compara com os pobres peixes asfixiados pela brutalidade do ar, procurando sabe-se lá o quê. Estamos procurando uma água mais profunda? Será que lutamos pela última migalha de comida? Ou, o que ainda é mais lamentável, acaso defendemos agressivamente um bem inútil em face da própria morte?

Nós somos absurdos, eu não menos que os outros! Já falei do meu computador — e espere até que eu conte sobre a minha casa e o meu carro. Enquanto isso, vou envelhecendo, morrendo aos poucos, mas continuo com ambições vãs. É preciso lembrar que o verdadeiro bem é a vida, e mesmo ela não passa de um empréstimo. Buda não nega que não devemos apreciar as coisas bonitas que temos a felicidade de possuir. Diz, isto sim, que não devemos permitir que elas nos desviem do verdadeiro propósito: despertar para a vida e para a morte.

O que Buda faria com o "sonho americano"?

Já que este mundo é passageiro, com todos ludibriando todos, é insensato achar que uma coisa é tua em meio a este emaranhado, a este sonho.

Buddhacharita 6.48

O que faz uma coisa ser nossa? O dinheiro? Mas o que faz o dinheiro ser nosso? Eu posso entender a posse de algo simples como a comida. Mas quem a possui depois que eu a comi? Nem falemos em propriedade. Como uma pessoa, que vive oitenta anos, pode ser dona de um pedaço de terra que dura milhões de milênios?

Eu juro que não entendo a propriedade, embora tenha de admitir que, quando sinto que uma coisa é minha, eu trato de conservá-la. Mas tudo o que possuo vai morrer ou, então, eu morro primeiro e a coisa passa a pertencer a outro. Nesta época de *confusão* (bela palavra: *todas as coisas fundidas*), neste sonho em que nada perdura, convém pensar as coisas como *confundidas*. Inclusive os nossos próprios corpos estão confusos; nossas mentes também (principalmente as nossas mentes). Não se agarre à matéria dos sonhos; deixe-a fluir.

O que Buda faria se "estourasse" o limite do cartão de crédito?

Tendo conquistado todas as terras de um lado do mar, os reis queriam ocupar também o outro lado. Assim como os rios nunca enchem o oceano, os prazeres nunca satisfazem as pessoas.

Buddhacharita 11.12

Depois de conquistar todo o mundo conhecido, Alexandre, o Grande, lamentou não haver mais territórios para anexar. Mas não viveu para governar nem os que já possuía. É uma loucura, mas nós todos somos como o conquistador macedônio. Nunca estamos satisfeitos. Os ambiciosos não conseguem desfrutar o que possuem; vivem ocupados em obter mais. Os preguiçosos se contentam com o que têm, mas é claro que gostariam de acumular mais para o caso de vir a perder o que possuem.

O Budismo ensina que não estaremos satisfeitos enquanto não deixarmos de pensar em posses. Precisamos acabar com a ilusão de que o nosso eu individual pode ser feliz apartado do mundo infinito que o rodeia. É o mesmo que imaginar que somos o oceano, sempre a sorver a água de todos os rios do mundo, mas sem nunca transbordar. Só quando percebermos que nós somos toda a biosfera é que seremos felizes. Somos o oceano sedento, mas também os doces rios.

O que Buda faria para ter saúde, beleza, felicidade, status e o paraíso?

Não convém ao homem bom que deseja a felicidade rezar por ela. [...] Quem quiser ser feliz deve trilhar o caminho da prática que conduz à felicidade.

Anguttara Nikaya 5.43

Buda usa essas mesmas palavras para se referir à saúde, à beleza, ao *status* e ao paraíso. Não se obtêm essas coisas por meio da oração — ou, pelo menos, não se deve tentar obter. É claro que algo em nós deseja tudo isso imediatamente e o deseja do modo mais fácil. Buda provavelmente acreditava na oração, mas isso não quer dizer que o resultado dela seja sempre satisfatório.

Esta foi uma de suas maiores descobertas psicológicas: o que conquistamos sem esforço não satisfaz tanto quanto o que provém do suor da nossa testa ou do trabalho de autotransformação. Nenhuma fruta é tão doce como a que colhemos. Nenhuma descoberta nos transforma tanto quanto aquela que nós mesmos fazemos. A oração ajuda, mas percorrer o interminável caminho da prática é o único meio de receber uma recompensa valiosa. Às vezes, o próprio caminho já é a recompensa.

O que Buda faria para decidir onde jantar?

Seja a fina iguaria, seja a comida simples
Preparada com esmero ou feita às pressas,
Servida em baixela ou na humilde marmita,
É o amor que a ajusta a todos os gostos.

Jatakas 346

Talvez isso não seja um problema para muita gente. Talvez a comida não tenha muita importância na sua vida. Mas deixe-me lembrá-lo de que, dentre todos os prazeres terrenos, o de comer é o principal, o mais necessário, o mais acessível e o mais seguro. Além disso, sendo o mais freqüente, oferece-nos as melhores oportunidades de prática espiritual. Alegre-se com o alimento e siga o conselho de Buda sobre como apreciá-lo!

Aqui Buda nos dá uma receita fundamental para a culinária e os demais prazeres: desfrute-os com os outros numa atmosfera de amor. O amor lembra a todos os presentes que o verdadeiro prazer é o prazer compartilhado. Portanto, mesmo que a ocasião seja a mais singela, a experiência pode ser tão rica quanto o nosso poder de vivenciá-la. Para mim, a refeição mais simples acaba sendo a mais sublime sempre que a compartilho com a minha esposa.

O que Buda faria para se permitir o prazer sexual?

Quando se entoa "Namu-myoho-renge-kyo", mesmo fazendo amor, todas as paixões despertam e o sofrimento da vida e da morte é o nirvana.

Nichiren, "As Paixões Despertam"

Perdoem-me, mas esse é o próprio núcleo da doutrina de Mahayana. Nichiren acredita piamente que, como já somos budas e como o nirvana está presente aqui, neste mundo, até mesmo as nossas paixões expressam a natureza pura da realidade. Isso significa que, se tivermos firmemente em vista a nossa natureza de Buda, até os atos mais apaixonados permanecerão despertos. Nichiren despertava os dele repetindo o seu famoso mantra: porém, há muitas outras maneiras de fazê-lo.

Pessoalmente, acho esse ensinamento prazeroso, afirmativo, um grande alívio! Até porque ainda não cheguei ao estágio de conseguir abrir mão das minhas paixões. Creio que a maioria das pessoas coincide comigo neste ponto. Mas eu quero muito me libertar do apego e da ilusão. Felizmente, Buda vem ao nosso encontro no meio do caminho. Nós adoramos fazer amor (ou comer batata frita ou qualquer outra coisa); tudo bem. Mas procure preservar a sua natureza de Buda ao desfrutar essas paixões. Pense nos outros, recite um mantra, irradie a generosidade do amor, não esqueça da respiração. Buda nos oferece várias maneiras de fazê-lo; também podemos inventar um jeito só nosso. Trabalhar para vir a ser Buda é uma prática espiritual dificílima.

O que Buda faria se não conseguisse resistir à sobremesa?

Desfrutando os sentidos, ela se conserva pura. Ela colhe a flor de lótus sem se molhar. Chega à raiz e salta livre dos sentidos, mesmo comprazendo-os.

Saraha, Dohakosha 64

Todos somos auto-indulgentes às vezes. Buda compreende isso. Ao satisfazer um desejo, não devemos nos deixar corromper por ele, mas, sim, usar a própria força do desejo para avançar rumo ao despertar. Como? Tomando consciência do poder que ele tem sobre nós e sobre os nossos atos enquanto os consumamos. Não possua a outra pessoa; busque a satisfação mútua. Não devore o chocolate; pense no trabalho necessário para que ele chegue às suas mãos. Quando experimentamos de fato os nossos desejos e a sua satisfação, realizamos a unicidade com os caminhos de Buda.

O que Buda faria com a prostituição?

Às vezes ele se prostitui, seduz os que se dão à volúpia, dominando-os pelo desejo, mas depois os conduz adiante rumo ao caminho de Buda.

Vimalakirti Sutra 7

Buda não condena a prostituição mais do que qualquer outra atividade que leve ao sofrimento. Tenho certeza de que ele reprovaria o trabalho numa rede de lanchonetes que provoca a destruição das florestas tropicais. O que importa é o dano causado pelo trabalho; para Buda, fabricar armas químicas, embora seja uma atividade legal, é infinitamente pior que cometer estelionato, uma conduta ilegal.

Buda não aprova a prostituição. Ela prejudica, engana e causa doenças; apanha o libidinoso em sua armadilha ao mesmo tempo que enfraquece o poder do amor. Contudo, na citação acima, o bodhisattva prostitui-se para ajudar os outros. *É possível combater a luxúria com a luxúria.* Isso significa que o caminho da sabedoria pode passar pelo prazer. Vender o próprio corpo não é o mesmo que vender armas. Pode ser arriscado e sujo, mas, se um bodhisattva pode fazê-lo, não há de ser proibido.

Fazer o que é Correto

O que é moralidade? O que significa agir corretamente? Isso parece fácil de saber, ainda que difícil de fazer. Mas no mundo real, muitas vezes é dificílimo até mesmo imaginar os padrões pelos quais deveríamos nos pautar e não conseguimos. Esta seção do livro ajuda-nos a achar esses padrões por nós mesmos, inspirando-nos naquilo que Buda pregou.

Buda debatia-se freqüentemente com questões de moralidade. Era o que reclamavam a sua consciência e a de seus primeiros seguidores. É o que se passa com todo fundador de religião. Nós vivemos às voltas com questões sobre o certo e o errado, e Buda referiu-se a elas inúmeras vezes. Na verdade, ele fez da "ação correta", da "fala correta" e do "viver correto" os primeiros passos do Nobre Caminho Óctuplo. Esses princípios constituem uma norma de conduta, talvez mais para leigos do que para monges e monjas. Estes têm de observar minuciosos códigos de comportamento, ao passo que nós temos apenas os princípios e a nossa própria integridade para segui-los. Outras seções deste livro levantam questões morais, mas aqui examinamos diretamente a ética pessoal, social e global. Aqui pedimos a Buda que nos ajude a fazer o que é correto.

O que Buda faria se o caixa lhe desse troco a mais?

Se não vejo ninguém, não quer dizer que não há ninguém por perto: eu estou presente. Uma testemunha pode me ver fazendo algo errado, mas isso eu enxergo com muito mais profundidade.

Jatakamala 12.15-16

Não há como escapar. Mesmo que você faça algo no mais rigoroso segredo, uma pessoa já sabe de tudo: você. E não só sabe, mas sabe de maneira intensa e plena. Você percebe a profundidade do seu ato, da sua motivação, da sua gravidade, talvez até das suas repercussões.

Às vezes preferimos acreditar que podemos esconder as coisas. Mas, no fundo, sabemos que isso é duplamente equivocado. Primeiro, porque a nossa testemunha interior tudo vê e tudo sabe. Depois — e o que é mais importante — porque enganar é indigno. No fundo, não queremos nos dar bem com a maldade, nem mesmo com a mais insignificante corrupção, porque não queremos que os outros façam o mesmo. É a nossa nobre natureza de Buda vindo à tona. Apesar do nosso egoísmo habitual, aspiramos profundamente à justiça e à compaixão.

Você duvida da nossa natureza essencialmente boa? Então por que acha que cada um de nós se condena mesmo sendo o único a saber que fez uma coisa errada?

O que Buda faria se fosse apanhado em flagrante?

Embora ele ainda possa agir mal
Em pensamentos, palavras e até em ações,
Já não consegue ocultar o mau ato, e isso
Mostra que já alcançou a paz desperta.

Khuddakapatha 6.11

Assim como Buda deve ser franco consigo mesmo, também não tem necessidade de encobrir seus próprios atos — sejam eles bons ou maus, sejam causa de constrangimento ou de orgulho. Buda assume a responsabilidade por suas atitudes e responde pelo que fez. Não busca pretextos nem evasivas; só a verdade.

É claro que ele dificilmente faria coisas que precisasse acobertar, mas as palavras acima mostram que até mesmo os sábios cometem lá os seus deslizes. No nosso esforço para vir a ser budas, encaremos isso em todos os aspectos. Ao ser pegos em flagrante, se formos espertos, podemos dar um jeito de escapar às punições externas. Tudo bem. Mas eu descobri que é impossível fugir às punições internas. Buda nos diria que se as punições internas já são um mau começo, enfrentar as externas é pior ainda. Isso não é modo de viver.

O que Buda faria se presenciasse uma injustiça?

O inocente insultado, açoitado e acorrentado,
cujas armas são a resignação e o caráter:
esse eu considero um santo.

Dhammapada 399

Buda colocava-se decididamente do lado dos oprimidos e dos sofredores; ele não negociava com os ignorantes, com os ambiciosos nem com os maus. Todavia, ele era um homem comum de seu tempo. Rebelou-se contra a religião dominante, aceitando as pessoas independentemente de sua posição social, embora não se interessasse muito pela política. Parecia-se mais com Jesus, que mandava dar a César o que é de César.

Aqui Buda admira não o revolucionário, mas o pacífico que opõe resistência à injustiça. Nos últimos cem anos, nós aprendemos a dar prosseguimento à rebelião de Buda de novas maneiras. Rosa Parks, líder do Movimento pelos Direitos Civis, sentou-se para protestar contra o racismo nos Estados Unidos. O homem solitário na praça chinesa de Tiananmen ficou de pé na frente do tanque de guerra. Como nós levamos adiante a justiça social de Buda?

O que Buda faria pelos doentes?

Quem estiver disposto [...] a cuidar de mim deve cuidar dos doentes.

Mahavagga 25.3

Que bela frase! Isso lembra o episódio em que os discípulos de Jesus o indagaram sobre os atos que fizeram pelo mestre. E este respondeu: "Em verdade vos digo: cada vez que fizestes isso a um destes meus irmãos mais pequeninos, a mim o fizestes" (Mateus 25:40).

O que esses grandes mestres desejavam? Templos suntuosos? Holocaustos? Não, claro que não. Súplicas sinceras, talvez? A glorificação de suas grandezas? Não, nem mesmo essas honras. Eles não chegaram a rejeitá-las, mas tampouco as pediram. Eis o que eles realmente pedem: que voltemos a nossa atenção para o mundo, para aqueles que precisam de nós. Nunca deixa de haver quem passe necessidades. Buda vai indo muito bem, obrigado; por que, então, não tratamos de cuidar de outra pessoa?

Lembro-me de um homem que subiu a longa escada da minha casa. Estava morrendo de AIDS e só queria alguma coisa para comer. Era Jesus. Comendo com ele, cuidando dele naquele momento, eu fui um bodhisattva. Se há um julgamento depois desta vida, espero que aquele homem seja recompensado pela bênção que me deu.

O que Buda faria pelos sem-teto?

Ele transformou o seu corpo em comida e bebida,
aliviando primeiro a fome e a sede,
depois ensinou a verdade.
Lá onde estão os que vivem na pobreza e na necessidade
ele chega com infinita abundância,
fazendo com que se encorajem e orientem outros.

Vimalakirti Sutra 8

Pessoalmente, acho difícil enfrentar o problema dos sem-teto. Não quero ficar perto dos abjetos e dos miseráveis. Quando me aproximo deles eu me pergunto: devo dar sem saber para onde vai a minha doação?

Buda lembra que ninguém aprende "a verdade" sem antes comer, dormir e banhar-se. É um simples fato da natureza humana, e convém aceitá-lo. Como dizia o dramaturgo Bertold Brecht, "primeiro a comida, depois a ética". O sábio e compassivo primeiro alimenta os sem-teto, dá-lhes até de beber. Quando eles estão prontos para partir — não antes — encoraja-os. Portanto, se um desabrigado lhe pedir uns trocados, não seja excessivamente crítico. Quando ele estiver pronto, guiará os outros, não antes. Enquanto isso, mostre um pouco de compaixão.

O que Buda faria com o hábito de comer carne?

O ódio, a arrogância, a intransigência, a hostilidade, o engano, a inveja, o orgulho, a vaidade, as más companhias: esses são os alimentos impuros, não a carne.

Sutta Nipata 245

Sim, os sutras se contradizem nessa questão. Como na Bíblia, encontram-se neles passagens que apóiam diferentes pontos de vista sobre um mesmo assunto. Por que eu escolhi este? Por vários motivos importantes: primeiro, tudo indica que Buda e seus primeiros discípulos comiam carne; o vegetarianismo budista começou depois, em resposta ao vegetarianismo hindu; segundo, os budistas do sul e do sudeste da Ásia comem carne até hoje, e até os monges estão autorizados a comê-la; terceiro, todos os budistas aceitam esse texto; quarto, as palavras de Buda apontam para o que realmente interessa, ou seja, a mente.

Buda, em sua doutrina, volta constantemente à questão da mente e da intenção. O que mais importa é o que a mente absorve, do que ela se alimenta e que devolve ao mundo. Buda considera impuro o corpo, cheio de doenças e imundícies. Não é o abster-se de comer carne que purifica o corpo e o salva da morte; isso é tolice tentar. A pureza provém de outro nível, da mente pura. Todas as coisas estão fadadas a morrer, e, contanto que não sejamos a causa dessa morte, nós não provocamos mais sofrimento — a não ser que o criemos em nossa própria mente. Neste caso, a carne passa a ser de fato impura. Do contrário, podemos continuar comendo-a como o próprio Buda comia.

O que Buda faria com o ato de matar?

Mais vale subjugar o eu do que mil vezes subjugar mil inimigos [...] Matar não enobrece. É não matando que nos tornamos nobres.

Dhammapada 103 e 270

Buda nunca proibiu os que estão fora do rebanho do Budismo de matar, mas para os *sangha* isso é proibidíssimo. Para Buda, os *sangha* são a assembléia de monges e monjas; é claro que eles não matariam ninguém. (Deixemos de lado a história degradante dos monges que *fizeram* tal coisa.) Mesmo sem ser monges ou monjas, nós desejamos seguir o caminho de Buda. O que fazer?

Podem existir inimigos tão violentos que nos imponham a necessidade de combatê-los e até de matá-los. Buda não proíbe isso; porém, na longa história do Budismo, há bem poucos exemplos de assassinatos que sejam legítimos. Em vez de subjugar nossos inimigos, devemos subjugar a nós mesmos. E, já que não temos o poder de restaurar uma vida, como podemos ceifá-la? Não matar é um preceito para todos os budistas.

O que Buda faria com os direitos das mulheres?

Tu és um buda feito da mesma matéria dos outros homens e mulheres, mas também da de todos os budas passados e futuros. É simplesmente absurdo dizer que as mulheres não podem vir a ser budas.

Bankei, Os Sermões Hoshinji

Ainda que o Budismo tenha surgido na cultura machista da Índia antiga, Buda sempre ensinou que as mulheres podem iluminar-se tanto quanto os homens. Há um conhecido texto budista no qual um discípulo vira mulher. Isso ilustra que, no fundo, nada é macho nem fêmea. As pessoas não apenas são feitas da mesma substância, como essa substância é a mesma dos corpos dos budas.

Buda pregou para as mulheres, iniciou-as no *sangha* e preservou as histórias do seu despertar. Bankei fez a mesma coisa dois mil anos depois. Durante todo esse tempo, o Budismo combateu o sexismo. A luta continua e tem o poder de Buda a seu favor. Se as mulheres podem vir a ser budas, não há por que discutir se elas podem chegar a sacerdotisas ou presidentes.

O que Buda faria com o ódio?

Se um fiel transgride um preceito por ambição, eu diria que não se trata de um crime; mas, se ele viola o preceito por ódio, o crime é grave, a falta é séria, o ato é degenerado e prejudica terrivelmente a doutrina.

O Definitivo Vinaya Sutra 24

Para o Budismo, existem três grandes vícios: a ignorância, a ambição e o ódio. Os dois primeiros são naturais em nós; Buda não nos condena com severidade quando eles nos extraviam. O ódio nada tem de natural; é algo que se aprende, de modo que sua presença indica uma verdadeira corrupção.

Como só o ódio é estranho e inatural em nós, unicamente as ações que nascem dele são verdadeiramente imorais. Nós geralmente somos amorais quando nos deixamos guiar pelo desejo ou pela ignorância, mas isso não suscita a condenação de Buda. Só os atos provenientes do ódio merecem adjetivos como "graves" e "degenerados". Esses atos não só causam dano (o que também vale para as ações ignorantes) como o fazem intencionalmente, em geral visando o próprio dano. Isso destrói as pessoas e obscurece a percepção da verdade. Buda era um líder tolerante e benévolo, e a maior parte dos sistemas de justiça budistas também o é. A compaixão combina-se com a sabedoria no julgamento. Mas, quando a sabedoria percebe o ódio, a justiça torna-se implacável.

O que Buda faria com um jovem transviado?

> *O canibal perguntou: "Como vou renunciar àquilo que me fez abrir mão da realeza, suportar o deserto, violar a lei e arruinar a minha reputação?"*
> *Mas o bodhisattva respondeu: "São exatamente esses os motivos pelos quais deves renunciar."*

> **Jatakamala 31.85**

Esse diálogo não é ao mesmo tempo ridículo e comovente? Você deve imaginar que, afinal, o bodhisattva há de ter razão — mas juro que eu simpatizo com o canibal ou com o jovem transviado. Não que essas escolhas me tentem (eu gosto de experimentar pratos novos, mas...); a verdade é que eu compreendo profundamente o nosso desejo de ser fiéis a uma escolha importante, sobretudo se pagamos um alto preço por ela. O canibal abriu mão de tudo para ser canibal; agora, Buda lhe pede para abrir mão até disso. É querer demais!

Afinal de contas, Buda tem razão. Nem tudo vale o preço que pagamos, mesmo que esse preço já tenha sido pago. Pouco importa o quanto nos fortalecemos por carregar os nossos fardos, continuamos sendo inteligentes para nos livrarmos de alguns. Na história, Buda leva o canibal a mudar de idéia, e este fica agradecido. Nós também devemos nos empenhar em levar aqueles que seguem o mau caminho a mudar de idéia.

O que Buda faria diante de uma coisa muito boa?

Elogia a todos os que falam a verdade. Dize-lhes: "Tudo o que dizes é esplêndido!" Quando as pessoas fazem o que é correto, dá a elas aprovação e incentivo.

Bodhicharyavatara 5.75

Chegou a hora de falar numa coisa boa neste livro! Nem tudo o que encaramos na vida é um problema. Assim, eis uma palavra de Buda sobre o elogio: receba-o!

Buda acredita que você não elogia a pessoa que age bem somente para lisonjeá-la. Mas, quando uma pessoa age corretamente, as suas palavras podem lhe dar força para seguir adiante. Dizer a verdade geralmente é difícil, mas ouvir palavras de aprovação nunca magoa. Quem sabe? Pode ser que a sua voz toque a primeira nota de um coro.

(A propósito, é assim que o mundo moderno avança. Primeiro você fala, depois a mídia recolhe o que você disse. Isso cria a possibilidade de mudança.)

O que Buda faria se não houvesse clareza sobre o certo e o errado?

> *Uma coisa pode parecer ruim e ser boa. Do mesmo modo, o que é ruim pode não parecer mau. As atitudes corretas não são evidentes à primeira vista.*

Jatakamala 28.40

Buda nos estimula a agir sem demora. Mas, como as aparências enganam, mesmo no reino do certo e do errado, isso não quer dizer que devamos agir sem pensar.

A "ação correta" é um dos oito aspectos do Nobre Caminho. Devemos preservar a atitude certa em nossa jornada, por mais cinzento e confuso que o mundo torne o trajeto. Nos momentos de engano, convém usar tanto o senso moral imediato quanto a inteligência racional e cautelosa para manter o rumo certo. Não, não é nada fácil. Quem disse que era? Mas Buda disse que nós somos capazes disso; portanto, somos.

Trilhando o Nobre Caminho

Esta seção e a próxima abraçam um mundo inteiro. Seu território é vasto porque se estende a partir de uma questão central: Como trilhar o caminho de Buda diante dos dilemas práticos, mundanos? Nesta seção, coletei problemas que cada um de nós, como indivíduo, tem de resolver sozinho. As respostas ajudam a encontrar a solução moral e a conduta benéfica que buscamos num mundo que nos tenta a pensar unicamente em nós mesmos.

Buda ocupou-se menos dessas questões do que o desejável hoje em dia. Se ele ainda estivesse vivo, seus seguidores — para não falar na turba de jornalistas que o assediariam incessantemente — levantariam questões importantes, reclamando respostas pragmáticas. Nós somos assim. Embora Buda tenha vivido há muito tempo, um número surpreendente de respostas desta seção vem dos primeiros anos de sua tradição. São respostas pertinentes até hoje, comprovando a natureza realista da sua doutrina. A voz de Buda ecoa nos problemas contemporâneos, assim como entre os mestres atuais. Sua sabedoria ainda torna o Nobre Caminho tão familiar quanto a rua em que moramos.

O que Buda faria se não tivesse tempo para aprender?

A essência do bom discurso é a compreensão. A essência do apren-dizado é a concentração. A sabedoria e o aprendizado do que tem pressa e do negligente não crescem.

Sutta Nipata 329

Buda não poderia ter sido mais claro: quem tenta aprender de-pressa demais comete erros. Isso vale para todos, pois a vida é uma vastíssima escola, na qual ninguém deseja se diplomar nun-ca. Aprendemos todos os dias — ou, pelo menos, deveríamos aprender.

As palavras de Buda ganham vida nas minhas aulas. Eu me empenho em convencer alunos (alegremente ignorantes, ao esti-lo inglês) e colegas (obstinadamente ignorantes ao estilo inglês) de que falar e escrever bem dependem da compreensão. O escri-tor precisa compreender o que pretende dizer e escrever de modo que o leitor entenda. Nisso consiste o aprendizado e, como diz Buda, exige concentração. E mais: exige tempo. Não devemos ser apressados nem negligentes se quisermos continuar aprendendo na escola da vida. Até mesmo Buda levou anos para assimilar o que seus gurus ensinavam. Nós levaremos mais tempo ainda.

O que Buda faria para encontrar a fortuna?

Amparar os pais, sustentar a esposa e os filhos, o trabalho honesto: eis a maior fortuna.

Sutta Nipata 262

Aqui Buda nos diz muita coisa. Primeiro, refere-se às nossas obrigações, às mesmíssimas responsabilidades que as pessoas têm desde os primórdios da civilização. Menciona os nossos pais, a geração anterior; nossos cônjuges, a geração contemporânea; e nossos filhos, a geração futura. A essas gerações devemos serviço e amparo, com todas as conseqüências que isso traz. É desse modo que nos enraizamos na história e projetamos nossa família no futuro. A outra responsabilidade citada por Buda é o trabalho: simples ou complexo, humilde ou importante, ele precisa ser honesto. É pelo trabalho honesto que levamos a sociedade para o futuro.

Eu falei em responsabilidades, mas Buda preferiu falar em nossa "maior fortuna". Quando agimos conforme a nossa natureza de Buda, o próprio fardo da maturidade vem a ser uma recompensa e a própria felicidade. É o que nos aconselha a sabedoria, desde o Eclesiastes ("Desfruta a vida com a mulher amada [...] porque esta é a tua porção na vida e no trabalho [...]") até Freud (o decisivo na vida é "o amor e o trabalho"). Serviço, amparo, trabalho: eis as nossas bênçãos.

O que Buda faria no calor de uma discussão?

[O bom discurso] é bendizer, não maldizer; é sensatez, não insensatez; é prazer, não desprazer; é verdade, não inverdade.

Sutta Nipata 449

Todos nós temos a necessidade de expressar a nossa opinião. Por vezes, até chegamos a fazê-lo bem e com sabedoria, mas, em geral, somos guiados pela raiva, a frustração e a ignorância. Eu não saberia dizer quantas vezes já me senti levado pela raiva a fazer um comentário mordaz para a minha esposa, sabendo o quanto era tolo entregar-me a esse sentimento, mas entregando-me só pelo distorcido prazer que ele proporciona. Nós todos somos assim.

Buda propõe outro caminho. Os monges não devem se envolver jamais nesse tipo de discussão destrutiva; para eles, trata-se de uma regra a obedecer; para nós, de um preceito a seguir, e muito bom. Olhe para trás e veja quantas vezes você conseguiu melhorar uma pessoa ou uma coisa com insultos ou mentiras. Eu pessoalmente jamais consegui. Porém, mesmo numa briga, já melhorei pessoas e coisas seguindo o conselho de Buda. Às vezes, quando minha esposa e eu tratamos de ficar de boca fechada até ter algo agradável a dizer, as nossas brigas se transformam em trabalho; e o nosso trabalho, em alegria.

O que Buda faria pela proteção das espécies ameaçadas de extinção?

Tal como a mãe protegeria o filho — o único filho — com a própria vida, assim devemos cultivar uma mente ilimitada com relação a todos os seres.

Sutta Nipata 149

A mãe sabe que sua vida não é separada da vida do filho. Nós *somos* as pessoas que fazem parte da nossa família; portanto, quem seríamos separados dos nossos filhos? A mente da mãe e a do filho não conhecem fronteiras; incluem-se mutuamente. É por isso que ela o defende como se ele fosse a sua vida. E, ao defender o filho, *defende* a própria vida.

Nós somos, com o mundo, o que a mãe é com o filho. Nossa vida, aqui, é inconcebível sem a biosfera que nos rodeia. Nossa mente deve acolher todos os outros seres como inseparáveis de nós. Com o nosso poder imenso, somos a mãe de todos os seres do planeta. Temos de proteger cada um deles: uma espécie ameaçada de extinção é como uma criança muito doente. Que mãe lhe daria as costas?

O que Buda faria com um colega de trabalho competitivo?

Apenas quando nos defrontamos com a atividade dos inimigos, conseguimos aprender o que é a autêntica força interior. Desse ponto de vista, os adversários são professores de força interior, coragem e determinação.

O Dalai Lama

Mesmo sentindo-se amigo de todo mundo, você enfrenta diariamente a competição. Até certo ponto, os concorrentes são seus inimigos. Mas, num sentido mais amplo, os inimigos são os seus mestres, como ensina o Dalai Lama.

Nós gostamos dos nossos amigos, pois nos querem bem. Mas eles raramente nos testam ou nos pressionam a dilatar as nossas fronteiras pessoais. São justamente aqueles que *não* nos querem bem que nos obrigam a reunir forças, coragem e determinação. Desse modo, tornam-se mestres para nós e merecem a nossa profunda gratidão.

Quando tiver de enfrentar inimigos, não esqueça que eles estão lhe oferecendo um presente que os entes queridos raramente oferecem. Lance mão das suas reservas e honre esse presente vencendo-os com elegância.

O que Buda faria para cativar um público?

A doutrina de Buda
é como uma grande nuvem
que, com uma chuva de tipo singular,
rega todas as flores humanas
para que cada uma venha a frutificar.

Lotus Sutra 5

Buda sabia que cada pessoa é como uma flor, com necessidades particulares e com capacidade para produzir um fruto singular. No entanto, ele compara a sua doutrina com a chuva que nutre igualmente todas as flores. Os ensinamentos de Buda têm essa peculiaridade porque toda pessoa é capaz de absorver a quantidade necessária à sua frutificação. A verdade é uma só, mas as flores e os frutos são muitos.

Sempre que tivermos algo a comunicar, devemos fazê-lo desse modo. Não convém distorcer a mensagem, dizendo uma coisa para A e outra para B. Embora seja tentador, a longo prazo isso nos distancia das pessoas e as separa entre si. Devemos simplesmente expressar o nosso conteúdo (e expressá-lo com simplicidade), deixando que cada um o compreenda do seu modo. Então, como disse Jesus, "É pelos seus frutos [...] que os reconhecereis" (Mateus 7:20). Se dissermos as coisas tal como elas são, colheremos bons frutos em todas as pessoas, ainda que tenhamos de esperar um pouco.

O que Buda faria se tudo estivesse indo às mil maravilhas?

Há quatro bênçãos adequadas para quem desfruta os prazeres dos sentidos [...] A da prosperidade, a de gastar dinheiro, a de não ter dívidas e a da inocência.

Anguttara Nikaya 4.62

Ao que enriqueceu com o trabalho honesto, Buda diz: bom proveito. Se a pessoa gasta o dinheiro em coisas boas, tanto melhor. Se está livre de dívidas, parabéns. E se está livre de acusações e de culpa, ele a abençoa.

Muitos o interpretam mal neste ponto. Acham que Buda não quer que aproveitemos a vida. Que absurdo! Ele quer que todo mundo viva bem. Mas também quer que nos lembremos de que estamos todos no mesmo barco, e quem pensar unicamente no seu prazer egoísta acabará sem nenhuma bênção real. Por isso aconselha-nos a ganhar dinheiro fazendo boas obras para os outros. A gastá-lo em produtos e experiências que não sejam prejudiciais. A evitar as dívidas, que causam dano a você e à economia. E a procurar fazer o bem e não prejudicar os outros. Se for capaz disso, aproveite a vida; você merece!

O que Buda faria se estivesse falido?

Ocorreu-lhe o pensamento: "Mesmo que se tenha acabado o meu dinheiro, recebi os cinco benefícios que ele pode dar." E, assim, não se desesperou.

Anguttara Nikaya 5.41

Estou longe de ser uma alma serena que, aparentemente, vive de brisa. Preciso de dinheiro para manter o meu estilo de vida. Isso decorre das escolhas que faço, escolhas mundanas. Contudo, mesmo que não seja pura, a minha vida é boa e nobre. Acho provável que a sua também seja assim. Nós valorizamos o espiritual, mas nem por isso deixamos de amar este mundo e os prazeres que o dinheiro pode comprar.

Buda respeita essas escolhas contanto que saibamos enfrentar a situação quando as coisas vão mal. Ele sabe que isso pode acontecer. A fim de nos preparar para esses momentos, aconselha-nos a não perder de vista o verdadeiro papel do dinheiro. Não devemos considerá-lo um fim em si; isso decerto levará ao esbanjamento e ao apego excessivo. Mais vale considerar o dinheiro como um meio. Fazendo isso, poderemos ter prazer em possuí-lo, mas estaremos preparados para viver sem ele. O dinheiro proporciona "cinco benefícios": prazeres para os dependentes, prazeres para os amigos, proteção contra os desastres e capacidade para doar tanto para as causas mundanas quanto para as espirituais. Aproveite esses benefícios enquanto tiver dinheiro e, quando já não o tiver, esteja certo de que ele cumpriu o seu papel.

O que Buda faria com as obras de caridade?

A caridade só é fecunda quando acompanhada dos três sentimentos puros: o da alegria antes de dar, o do prazer de dar e o da satisfação de haver dado; essa é a caridade perfeita.

Jatakas 390

Buda não deixava de ser pragmático. Não pensava em termos de branco e preto; levava em conta a complexidade de causa e efeito neste mundo confuso. Talvez você imagine que ele nos manda dar o máximo possível à caridade. Por que não se desfazer logo de tudo e virar monge? Buda sabia por que não: porque nem todos estão dispostos a ser monges. Nem todos estão dispostos a fazer caridade. Se não queremos contribuir, é melhor não forçar as coisas. Se o fizermos, ficaremos ressentidos e criaremos sofrimento para nós e para os que nos rodeiam.

Aqui Buda promove nada menos que a satisfação de dar. Nós precisamos sentir alegria na caridade. Esta, afinal de contas, significa tanto amor quanto generosidade; na doutrina de Buda, é inseparável da compaixão. Nós encontraremos essa alegria na contemplação, no ato e na lembrança de dar. Procure-a — embora talvez sejam necessários esforço e iluminação — e trate de dar com o coração contente. Então, sim, a nossa caridade será perfeita.

O que Buda faria com o controle de armas?

Os homens que fabricam armas não têm nenhum merecimento, mesmo que as fabriquem para se proteger.

**Comentário de Chandrakirti
sobre o Chatuhshataka 4.11**

Eu imagino a reação de Buda diante dos argumentos do *lobby* favorável às armas. É fácil de imaginar, pois muitos budistas contemporâneos o incorporam, protestando seja contra a Guerra do Vietnã, ou contra a invasão do Tibete, ou contra o arsenal grotesco que abarrota o mundo. Buda nos convocaria a deter essa indústria, a banir o uso das armas. Aqui não há meio-termo.

O texto acima mostra a verdade sobre as armas. Ainda que às vezes elas sejam usadas para proteger a sociedade, em última instância, não ajudam a sociedade — apenas matam as coisas vivas. Não há mérito nisso, mesmo que seja pelo bem da sociedade. Por quê? Porque há outros meios de proteger a sociedade sem derramar sangue nem causar dor. Sempre existe outro meio. E o que vale para os que fabricam armas vale ainda mais para os que fazem uso delas.

O que Buda faria para mudar o mundo?

Atapetar toda a terra com peças de couro
É impossível, pois não existe tanta pele assim.
Contenta-te em calçar teus pés com um pedaço de couro;
É como se tivesses forrado o mundo inteiro!

Bodhicharyavatara 5.13

Forrar o mundo! Eu adoro o humor dessa resposta. Shantideva vê com os olhos de Buda o nosso modo tão humano de ser. Sabe que temos essa tendência humana de querer mudar o mundo — à custa do maior esforço — bem antes de pensar em mudar a nós mesmos. Mas ele não nos censura; estimula-nos a fazer o que é certo.

Para tornar a vida mais fácil, temos uma escolha como a da estrofe acima. Podemos mudar o mundo (e ele bem que precisa). Ou podemos mudar de perspectiva e, talvez, transformar a nós mesmos (e bem que precisamos). Sua vida é difícil porque você precisa de mais espaço ou porque o seu espaço está entulhado de cacarecos? As coisas estão difíceis porque você ganha pouco ou porque gasta demais? A vida é frustrante porque você não tem namorada ou porque sente que precisa de uma? Pense bem antes de decidir. E então mude o que precisa ser mudado.

O que Buda faria para a preservação do meio ambiente?

Ao jogar fora o cuspe e as escovas de dentes, deves fazê-lo em locais onde não fiquem à vista. Jogar lixo nos lugares públicos e no sistema de água causa doenças.

Bodhicharyavatara 5.91

Buda (e Shantideva) viveram muito antes que nós, seres humanos, tivéssemos o poder de prejudicar tão profundamente o mundo. Mesmo assim, viram o quanto até mesmo as sociedades simples podiam ser destrutivas se não tivessem cuidado com o ambiente que as rodeava. Se até ao nos desfazer dos dejetos humanos sujamos a terra, imagine os males que podemos causar desfazendo-nos do lixo que não é orgânico.

O conjunto dos ensinamentos budistas tem uma mensagem central? Se a tem, deve ser a de que tudo se inter-relaciona — tudo aparece e desaparece na interdependência. Nós todos já ouvimos os termos "sustentável" e "insustentável" com referência à mineração, às florestas, à pesca e à agricultura. Se, como diz Buda, tudo aparece e desaparece junto, o que você acha que significa a palavra "insustentável"? Pense nisso quando estiver enchendo mais um saco plástico de lixo.

O que Buda faria para escolher um parceiro?

Se no teu caminho não encontrares um igual, mais vale prosseguires sozinho. Os tolos não são boa companhia.

Dhammapada 61

Hoje em dia, as pessoas sofrem de dois males: a arrogância e o falso igualitarismo. Nós nos julgamos fantásticos, mas não queremos fazer julgamento dos outros. Achamos difícil proclamar as coisas como: "Este cara é um fracasso" ou "É um grande vigarista". Não conseguimos simplesmente dizer: "Ele é muito burro para andar comigo" ou "Falta-lhe caráter para ser boa companhia". Eu acho isso horrível, mesmo sabendo que também tenho esse problema.

Buda não o tem; aconselha-nos a julgar e seguir adiante. Ele não finge que as coisas são diferentes do que são. Se andar com tolos, você ficará mais tolo. Se andar com gente ordinária, ficará mais ordinário. Faça a sua escolha e assuma a responsabilidade. Mas não se esqueça: se escolher quem não o merece, você nunca saberá o que é o verdadeiro companheirismo, nunca terá um parceiro.

O que Buda faria quando obrigado a lutar?

De certo modo, eu atraio inimigos. Eles me fazem mal, porém o meu karma os traz até aqui. E, assim, eles vão para o inferno por minha causa. Sou eu que os envio à danação.

Bodhicharyavatara 6.47

Sem dúvida, não há nada mais difícil do que ter compaixão pelos nossos inimigos. É preciso, no mínimo, de toda uma existência de prática para chegar perto dessa meta. As palavras de Shantideva me ajudam por serem a ironia profunda do mal: nós somos os inimigos do nosso inimigo.

Vemos os inimigos como aqueles que nos prejudicam aqui e agora, o que é uma perspectiva demasiado estreita. Buda não coloca em primeiro plano as coisas que tornam feliz o nosso eu separado, tampouco encara esta vida como a única que nos cabe. Quer acreditemos, quer não, outras vidas virão, e é fácil ver que as pessoas que tentam nos fazer mal prejudicam a si mesmas ao rebaixar sua capacidade de amar e ao aviltar sua própria existência. Também devemos perceber que, mesmo sem querer, nós criamos essa situação; somos a causa da danação *deles*. Estamos todos no mesmo barco. A única saída é a compaixão. Isso explica por que precisamos ser amáveis com os nossos inimigos — principalmente com os nossos inimigos.

O Buda na Máquina

Neste ponto, passamos das experiências práticas pessoais para o reino das instituições, nas quais estamos de tal modo mergulhados que chega a ser difícil saber onde elas terminam e onde nós começamos. No entanto, nós chegamos primeiro, ainda que poucos se lembrem disso. As perguntas e respostas que se seguem podem ajudar cada um de nós a examinar as poderosas estruturas que nos cercam e a lidar com elas.

    O título desta seção vem do conceito de "fantasma na máquina": o espírito humano dentro do nosso corpo e dentro da sociedade mecânica. Considere esse espírito como o seu Buda interior e a máquina como as instituições com que você está envolvido. Algumas vezes, essa máquina funciona bem e é fácil manejá-la. Outras, como diz Mário Sávio, o advogado do direito de expressão, "A atividade da máquina se torna tão odiosa, faz tanto mal, que é impossível participar dela; e a gente precisa lançar o próprio corpo nas engrenagens e nas rodas, nas alavancas e em todo o aparato para detê-la". A máquina sempre volta a funcionar, mas, quando a paralisamos um momento que seja, nós a modificamos. Espero que esta seção lhe mostre quando mudar a si mesmo e quando mudar a máquina. São essas as nossas responsabilidades sociais, tão sagradas quanto tudo o que existe sob o céu.

O que Buda faria com os vizinhos barulhentos?

O barulho do rio correndo no vale é a Sua língua longa e larga;
A forma das montanhas, eis o Seu puro corpo.
De noite, ouço cantarem mil versos;
Mas como hei de comunicá-los aos outros?

Su T'ung-po

Todo mundo sabe dos tremendos ressentimentos que as paredes destilam quando um vizinho exagera no barulho. Eu, pessoalmente, fico furioso com os latidos do cachorro do meu vizinho. Mas será que os latidos, o barulho de uma festa ou o vento arrastando as folhas na rua são intrinsecamente ruins? Desses acontecimentos, a festa pode ser o mais rumoroso e o que mais se prolonga no tempo; talvez por isso pareça o pior. Mas o ruído de uma festa ecoa vida e alegria. Nada há de errado com ele.

A percepção do barulho ocorre na nossa mente. O ressentimento ocorre na nossa mente. A maneira como percebemos essas coisas depende inteiramente de nós. Para o poeta Su T'ung-po, todos os sons são a voz de Buda. E ele está coberto de razão. Nós precisamos imitar Su. Se ele pode, nós também podemos. Ou, pelo menos, podemos morrer tentando. Pense bem: é mais fácil do que fazer o tal cachorro parar de latir.

O que Buda faria para ganhar dinheiro?

Com uma mente de confiança e harmonia, ele empreendia todo tipo de negócio, mas não encontrava prazer nos lucros que auferia.

Vimalakirti Sutra 2

Nós imaginamos Buda como uma entidade rigorosamente espiritual, totalmente imune aos atropelos do mundo dos negócios (ou do "mercado", como atualmente o denominamos). Mas Buda percebeu que nem todos os seus discípulos podiam chegar a semelhante estado de pureza; que havia o desejo de ganhar dinheiro. Embora aos monges seja proibido lidar com dinheiro, nós que não somos monges temos contas a pagar. Amealhar riqueza, porém, não deve substituir outros valores.

A passagem acima apresenta-nos dois princípios básicos para fazer negócios com sabedoria. O primeiro diz que precisamos afirmar a nossa mente de Buda ao trabalhar até nas atividades em que a hipocrisia é a regra geral. Com disposição para a confiança e a harmonia, podemos criar relações comerciais pessoalmente gratificantes. O segundo princípio diz que, independentemente do quanto conseguirmos acumular, devemos buscar o prazer em coisas mais profundas do que o lucro. Lucrar é bom; mas fazer dele o nosso objetivo nos prejudica. É nisso que o financista Ivan Boesky aproxima-se da sabedoria de Buda: o lucro é bom, a cobiça, não. Um dos maiores desafios do mundo dos negócios está em fazer essa distinção.

O que Buda faria no papel de patrão?

Uma boa patroa administra os criados e empregados de cinco maneiras: incumbindo-os das tarefas de que são capazes; dando-lhes comida e dinheiro; socorrendo-os na doença; dispensando-lhes delicadezas especiais; e dando-lhes descanso quando necessário.

Digha Nikaya 31

É claro que as atribuições do patrão mudaram muito nos últimos 2.500 anos. Talvez já não se espere que ele dê de comer aos empregados. Em todo caso, os executivos do Vale do Silício perceberam que, quanto mais comida oferecerem, mais aumenta a produtividade do trabalho. Talvez as palavras de Buda não estejam tão ultrapassadas assim.

Examinemos suas outras considerações. O empregador deve incumbir o empregado de tarefas condizentes com sua capacidade. É exatamente o que hoje afirmam os gurus da administração. O empregador deve remunerar o empregado com dinheiro — é lógico — mas também tem o dever de socorrê-lo na doença. Isso não corresponde precisamente aos atuais benefícios de assistência médica? Do mesmo modo, "concedendo-lhes delicadezas especiais" não equivale à participação nos lucros? E o que dizer de "dando-lhes folga quando necessário"? Pense na luta pela licença-maternidade. Os direitos trabalhistas pelos quais nós batalhamos com tanta dificuldade (e continuamos a batalhar!) são justamente o que defende a sabedoria milenar de Buda.

O que Buda faria num trabalho maçante?

Procura a areia ao escolheres o arroz.
Procura o arroz ao varreres a areia.

Dogen, "Instruções de Culinária", Shobogenzo

O aborrecimento nos vence facilmente. Nossa mente é tão ativa que, se não a mantivermos ocupada, ela acaba adormecendo, mesmo que continuemos acordados. A jornada de trabalho da maioria das pessoas é repetitiva. E, quando sucumbimos a esse torpor, quanta coisa não acabamos perdendo!

As palavras de Dogen aos cozinheiros referem-se à nossa tarefa imediata. Mesmo o trabalho mais humilde torna-se agradável quando o executamos com atenção. Por difícil que seja de acreditar, eu descobri em meu próprio trabalho que isso é verdade. Fazer um café impecável requer atenção. Servir esse café depois dá muita satisfação. Pense na meditação: o que pode haver de mais parado? No entanto, quando a fazemos corretamente, ela não é maçante. É preciso olhar com atenção para escolher o arroz. É preciso tomar cuidado para varrer a areia. E é justamente nessa atenção que encontramos prazer; os grãos de arroz se convertem em pequenos tesouros.

O que Buda faria se ficasse plantado à espera do avião?

Muitos já enfrentaram um padecimento insuportável. Passaram até vinte anos na cadeia e, mesmo assim, alguns me disseram que essa foi a melhor época de sua vida, pois tiveram tempo para a oração intensa, a meditação e as práticas virtuosas.

O Dalai Lama

Há décadas que o Dalai Lama vive no exílio, lutando compassivamente pela libertação do Tibete e em defesa de seus muitos seguidores encarcerados. É bem conhecido o seu compromisso com a não-violência: ele recebeu o Prêmio Nobel da Paz. Mas, aqui, ele fala de um tipo pouco conhecido de pacifismo: a não-violência quando estamos frustrados. Nós tendemos a nos enfurecer quando presos; o Dalai Lama propõe que usemos essa situação como uma oportunidade.

Ele nos mostra que podemos praticar a virtude em toda parte, até mesmo na cadeia. A maioria das pessoas sucumbe à amargura violenta e à raiva; outras se dão conta da extraordinária oportunidade que se lhes oferece. Aliás, o próprio Dalai Lama às vezes deseja a liberdade da prisão, a libertação do tempo. Em nossa vida atribulada, nós sonhamos, como ele, com essa liberdade, mas ela nos custaria um preço elevadíssimo. Por que não praticar a reflexão, a meditação ou a oração quando ficamos retidos num lugar qualquer? Isso não é um crime. Se há quem consiga encontrar a liberdade numa cela, certamente podemos encontrá-la no aeroporto.

O que Buda faria quanto a confiar na mídia?

Nossos ouvidos ouvem muito; nossos olhos vêem muito. O sábio não deve acreditar em tudo o que vê e ouve.

Undanavarga 22.17

Quanta coisa nós ouvimos e vemos! Somos bombardeados por informações. Não é à toa que esta se denomina a "Era da Informação". Sem dúvida, à tal "informação" falta substância e sobra tendenciosidade. E isso vale até mesmo para o que chamamos de "notícia".

Não importa se obtemos a notícia no jornal, na televisão, na *internet*, em fontes internas ou em estudos acadêmicos: convém questioná-la. Buda diz que o sábio não deve acreditar em tudo. Muito bem, mas como saber no que acreditar? Avaliando as intenções da fonte. A intenção tem importância fundamental para Buda; ele ensinou que, às vezes, as intenções são mais importantes que as ações. Aplique isso à mídia. A ação pode ser um "noticiário", mas qual é a intenção? Indague isso e você começará a ver além da aparência e a perceber a complexidade das coisas.

O que Buda faria com os gurus da Nova Era?

Os poderes sobrenaturais e os milagres não devem ser exibidos. Age mal quem os ostenta abertamente.

Vinaya Cullavagga 5.8.2

Muitos gurus do Ocidente procuram adquirir prestígio ostentando poderes sobrenaturais. Isso realmente impressiona, e os que conseguem fazê-lo tornam-se mestres rodeados de inúmeros adeptos. Ocorre, porém, que esses poderes não são garantia de sabedoria. É por isso que Buda recomenda aos seus seguidores não expor semelhantes faculdades. A característica do bom mestre é a sabedoria, não os poderes sobrenaturais.

Há outro motivo por que Buda nos preveniu contra esses poderes. Ele acreditava em sua existência, mas não na sua utilidade. Essas capacidades são como drogas, simples distrações que só fazem afastar as pessoas do que realmente importa na vida: o amor e a sabedoria. Mesmo acreditando que somos dotados de uma capacidade sobrenatural ou estejamos convencidos de que nossos mestres a possuem, mais vale ficarmos distantes desse parque de diversões e nos dedicarmos a uma vida de sabedoria e amor. Para tanto, devemos nos concentrar no uso dos nossos poderes naturais — e de todos eles.

O que Buda faria se fosse vítima de um crime?

Àquele que faz mal para um homem inocente, puro e irrepreensível, o mal retorna como o pó jogado contra o vento.

Sutta Nipata 662

O que Buda faria se o ferissem traiçoeiramente? Ele saberia que nada precisava ser feito. Bastaria deixar que as coisas se resolvessem por si. O mau ato de ferir um inocente resulta em péssimas conseqüências para quem o realizou. É assim que o mundo funciona. Às vezes, o mal retorna óbvia e imediatamente, como o pó volta ao rosto daquele que o jogou contra o vento. Em outras, o retorno é lento e sutil como a queda de um império. Conservar firmemente a inocência requer muita paciência, mas é a verdadeira sabedoria.

Buda dá a esse princípio o nome de karma, a lei de causa e efeito. E, devido à inexorabilidade dessa lei, ele sabia que o inocente não precisa punir os culpados. Estes se punem a si próprios. Tudo é passageiro, até mesmo o poder da injustiça. Pode demorar muito tempo (pense em Nelson Mandela, o líder sul-africano preso durante 27 anos), mas tudo acaba mudando de figura (pense em Nelson Mandela, o querido presidente de seu país renascido).

O que Buda faria se a política lhe desse motivos para sentir asco?

Costumamos dizer, "a política é corrupta", o que não é correto. A política é necessária como instrumento para solucionar os problemas humanos e da sociedade humana. Ela não é má em si, e é necessária.

O Dalai Lama

De vez em quando, eu me sinto tentado a não votar, a não assinar petições, a deixar de enviar cartas ao Congresso. Fico tão desanimado com a mediocridade e a corrupção dos políticos que passo a duvidar que tenham competência para fazer o que é preciso fazer. Quase todos passamos por fases assim (que, às vezes, nunca terminam).

Pode ser que tenhamos razão em sentir asco, mas não em parar de agir. A sabedoria de Buda nos lembra que a motivação torna o ato bom ou mau. Mesmo nos bastidores de Washington, de Londres ou de Moscou, as pessoas estão praticando a arte do possível. Sendo puras as suas intenções, seu trabalho também será. Devemos respeitar o trabalho dessas pessoas; às vezes, ele deve ser terrível.

Aliás, sugiro que respeitemos os políticos sendo a sua consciência. Se eles nos dão asco, mais vale fazer-lhes bem.

O que Buda faria com a pena de morte?

O que chamamos de Mente de Buda é a grande compaixão.

Amitayur Dhyana Sutra 17

Toda a doutrina de Buda opõe-se à pena de morte. Eu poderia ter escolhido uma dezena de outras citações para colocar aqui, algumas até mais específicas. Preferi essa porque vai além da questão específica e nos dá uma lição universal.

Matar, mesmo um animal, causa dor. Todos os seres vivos querem continuar vivendo. E aquele que não mostra consideração pelos outros, que mata por maldade, acaso merece viver? Buda talvez admitisse que essa pessoa não merece viver, mas acrescentaria algo mais. Nós não temos condições de lidar com coisas como a vida e a morte. Se não temos capacidade para conceder a vida, como podemos conceder a morte? Além disso, na questão da punição, nem sempre sabemos o que é sensato, mas sempre sabemos o que é compassivo. Sejamos fortes e façamos o que sabemos. Se agirmos assim nossa mente será a Mente de Buda.

O que Buda faria com o patriotismo?

Todos os países têm defeitos. Um é muito frio; o outro, quente demais; neste há fome; naquele, doença, crime ou corrupção. O praticante não deve se apegar a nenhum desses países nem aos seus diversos males.

Tso-ch'an San-mei Ching

Que nenhum país é perfeito, isso nós sabemos. Mas como é difícil renunciar ao sonho do patriotismo! Até mesmo os ateus perdoam os defeitos de seus países e marcham para a guerra em busca de escravos, de petróleo ou de qualquer outra riqueza que a economia ponha na ordem do dia.

Buda não está interessado nos países; nós também não devemos estar. Na época dele, o governo tinha pouca influência sobre o povo; não era o ponto central de interesse na vida. Hoje, os Estados têm enorme influência sobre as pessoas, e outros fatores, sobretudo os econômicos, têm poder sobre os países. E ainda assim, estes continuam não sendo o que mais interessa na vida. Pode ser que valha a pena defender uma nação contra as forças do mal, mas defender o domínio do seu país sobre os outros é coisa que Buda não faria.

O que Buda faria se o seu país entrasse em guerra?

Nós não temos respeito pelas pessoas que sacrificam os seus bens pela bebida ou coisa que o valha. Pois eu pergunto por que respeitar as que se sacrificam na guerra.

Comentário de Chandrakirti em Chatuhshataka 4.17

Chandrakirti faz uma pergunta importante: que diferença há entre dar a vida numa guerra e entregá-la ao vício? Talvez nenhuma. O vício do álcool obriga o alcoólatra a preferir a embriaguez ao amor, ao *status*, à saúde e até à vida. A guerra obriga o soldado (e geralmente também o civil) a preferir o combate ao amor, ao *status*, à saúde e até à vida. É um péssimo negócio.

Pode-se alegar que a batalha leva a algo além, a algo maior. Buda questionaria tanto os meios quanto os fins da guerra. Que fins respeitáveis não são mais facilmente alcançados pelo amor do que pelo ódio? Sacrificar-se por uma boa causa e sem matar ninguém é coisa completamente diferente. Devote-se a salvar todos os seres vivos, valendo-se de todos os meios necessários. É o que incorporam todos os budas e bodhisattvas; é o que também devemos incorporar. Mas isso nada tem a ver com os nossos países, nem se obtém pela violência.

As Grandes Questões

Esta última seção dirige-se ao filósofo que existe em nós. Vez por outra, todos refletimos sobre as "grandes questões", e há ocasiões em que as sentimos muito íntimas e poderosas. A história do Budismo é ambígua quanto a isso. O Buda histórico preferiu deixar essas questões de lado, dizendo que elas não levavam à libertação do sofrimento. Seu intuito era devolver as pessoas ao momento presente. Mas, e quando esse momento exige o domínio das grandes questões?

Quando um comentário como "Quem é ele para fazer semelhante pergunta?" o atinge em cheio, pode ser que você fique abalado. No meu caso, imaginar a morte, o fim da minha consciência, atinge-me com tanta violência que eu chego a me sentir fisicamente debilitado e tonto (para não dizer deprimido). Nesses momentos, as grandes questões passam a ser vitais, o que as torna cruciais também para o Budismo. No Zen-budismo, elas se denominam "a Grande Matéria da vida e da morte", e são respondidas em tom brusco e rude. As respostas do Budismo podem ser filosoficamente brilhantes, compassivas ao extremo e até bastante engraçadas. Nesta seção, eu faço grandes perguntas e espero que algumas o atinjam profundamente. Escolha uma e deixe que ela o convença. Se ela o derrubar, talvez você esteja aberto para que Buda o ajude a levantar-se num lugar novo. Minhas melhores esperanças ficam com você.

O que Buda faria quanto a freqüentar a igreja?

Para o puro, toda noite é sagrada. Para o puro, todo dia é Sabá. Para o puro, com seus atos puros, toda hora é hora de culto.

Udanavarga 16.15

Aqui, Buda nos diz o que é uma verdadeira cerimônia religiosa: os atos de uma pessoa pura. Em outras palavras, o culto pode acontecer em todos os momentos. Aliás, sempre é hora de cultuar. Consulte o relógio! Este momento exato é o momento sagrado. Buda nos convida a dar graças.

Nós podemos participar de cerimônias de religiões que não são a nossa? É claro que sim. Se conservarmos a mente pura, veremos a beleza e a santidade de qualquer cerimônia religiosa a que comparecermos, e os fiéis que estiverem presentes se alegrarão com a nossa participação. Se toda hora é hora de culto, devemos dizer sim quando formos convidados.

O que Buda faria com a morte?

Tudo o que está unido se separa.
Tudo o que sobe cai.
Todo encontro termina em despedida.
Toda vida acaba na morte.

Udanavarga 1.22

Estas palavras de Buda são decisivas. Nós, o mundo, e até mesmo o inconcebivelmente vasto universo, seremos destruídos e deixaremos de existir, como tudo quanto existiu antes. Esse é o destino de todas as coisas; unir-se e depois se separar, independentemente dos nossos sentimentos.

O que fazer? Nada, absolutamente nada. Que importância devemos dar a isso? Nenhuma, absolutamente nenhuma. Quando a grandiosa Terra se dissolver no nada, a nossa vida insignificante já terá mergulhado há muito tempo no mais profundo dos sonos. Tudo passa; isso é o melhor e o mais conveniente para todas as coisas. De nada serve nos revoltarmos; mais vale aceitarmos a nossa parte nesse fluxo, nessas mudanças incessantes que são a vida. Para os que já estão lamentando a longínqua morte do mundo, eu vou contar um segredo: Buda ensina que tudo começará a fervilhar novamente.

O que Buda faria para aprender os segredos do universo?

Muitas afirmações, eu as calei. Por que as calei? Porque são inúteis. Não são fundamentais para a vida santificada. Não conduzem à paz, ao conhecimento, ao despertar, ao nirvana.

Majjhima Nikaya 63

A resposta a essa pergunta é simples: Buda não tentaria aprender os segredos do universo. E, muito menos, ensiná-los. Aliás, quando Buda pregava, muitos discípulos lhe imploravam que revelasse esses segredos, e ele nunca o fez. Perguntavam se o universo é eterno, se o corpo e a alma são um só, se ele continuaria a existir depois da morte, etc. Buda nem mesmo chegou a dizer se sabia as respostas. Por que não? Porque elas não tinham a menor importância no caminho do despertar.

Buda ensinou o caminho para a paz, o caminho que ele chama de vida santificada em trânsito para o além. Esse caminho nos faz felizes, amáveis e sábios. Era com isso que Buda se importava e, de acordo com suas palavras, é com isso que nós devemos nos preocupar. Quando ficamos inquietos e preocupados com questões para as quais nunca teremos respostas, vale a pena lembrar o exemplo de Buda: ele nunca se incomodou com essas coisas e vivia bem.

O que Buda faria com a religião?

Ele se faz monge de todas as religiões do mundo a fim de libertar os outros da desilusão e impedi-los de sucumbir aos falsos juízos.

Vimalakirti Sutra 8

Extraordinário! Aqui, Buda nos diz que a pessoa grande e sábia, o bodhisattva, não precisa ser budista. Aliás, o sábio penetra profundamente as outras religiões e, por intermédio delas, dedica a vida a ajudar os outros.

Confesso que a mim, pessoalmente, esta é uma das coisas que mais me agradam na doutrina budista: o fato de a doutrina em si não ter tanta importância assim. O que importa é trilhar o caminho de ser quem realmente somos. Se conseguirmos, estaremos no reino do Budismo. Cristianismo, Islamismo, Hinduísmo, Ateísmo, Judaísmo, Xintoísmo, Confucionismo, Animismo, Siquismo — a lista é interminável. O que importa é ter compaixão e não cultivar a idéia de que somos os únicos a conhecer a verdade.

É possível ser um bodhisattva e conservar-se fiel a outra religião? Prefiro responder com outra pergunta: Você acha que faltava alguma coisa a madre Teresa? Acho que não! Pois nem Buda acha.

O que Buda faria caso suas preces não fossem atendidas?

Se nada dá certo, não cometas o erro de pensar que os budas carecem de bênçãos, que a doutrina deles é falsa! Pensa assim: eu me sentirei melhor quando tiver esgotado o meu karma da maldade!

Ensinamentos de Dakini 2

Dentre as diversas formas do Budismo, a escola tibetana é a que recorre com mais entusiasmo à oração e ao poder de intervenção de Buda. Porém, mesmo essa tradição, na qual colhemos as palavras acima, sabe que a magia nem sempre funciona. Acaso isso significa que a tradição é equivocada e impotente? É claro que não.

Nós temos certa medida de livre-arbítrio e talvez haja outras forças capazes de nos ajudarem nesta vida, mas também estamos rigorosamente ligados ao passado. Quer acreditemos no karma, como os budistas; quer acreditemos, como Salomão, em lançar o nosso pão sobre as águas; quer confiemos, como Freud, em que a criança é o pai do homem, estamos acreditando no poder do passado. Haverá momentos em que nada que fizermos no presente impedirá esse poder de nos fazer mal. Nesses momentos, devemos ter consciência do passado e paciência com o presente. É assim que finalmente nos libertaremos.

O que Buda faria se tivesse fome?

Então um monge perguntou: "Podes dizer algo que transcenda os Budas e os Ancestrais?"
O Mestre respondeu: "Pão de gergelim."

Testemunho da Colina Azul 77

Talvez essa não pareça ser uma "Grande Questão" para você. Mas o mestre zen Yunmen expressa aqui a profunda sabedoria de Buda — tão profunda, aliás, que chega até... o estômago. Sim, pois, na hora do almoço, que há de ser mais importante que a comida? Pois então, mexa-se! Vá comer!

O parágrafo anterior pode parecer simplista, mas faz mil anos que os mestres zen tentam enfiar essa verdade tão "simples" na cabeça dos discípulos — e, vez ou outra, conseguem abrir-lhes a mente. Buda nos ensina a viver o momento. Um famoso *koan* zen afirma que os maiores milagres são dormir quando se tem sono e comer quando se tem fome. A hora do almoço significa estar com fome e comer. É por isso que um saboroso pão de gergelim recém-assado transcende todos os Budas celestiais e todos os venerados Ancestrais. Você pode *comer* pão de gergelim. Está com fome?

O que Buda faria para buscar o conhecimento perfeito?

A tua mente se torna Buda. A tua mente é Buda. Todo o oceano do perfeito conhecimento de Buda começa na tua própria mente e no teu próprio pensamento.

Amitayur Dhyana Sutra 17

Buda não precisa fazer nada para obter a perfeição do conhecimento. Ele sabe que já a possui. Sabe que nós a possuímos. Mas, de certo modo, parece que nos excluíram desse círculo. Que ironia não sabermos que possuímos o conhecimento perfeito! Que foi que saiu errado?

Aqui, as palavras de Buda nos ensinam onde procurar esse tão almejado conhecimento. E, assim, ajudam-nos a descobrir o que saiu errado. O grande oceano de sabedoria de Buda começa — e sempre começou — na tua mente e neste preciso momento. Às vezes obtemos esse oceano de verdade olhando para dentro de nós mesmos, não para fora. À medida que o pensamento vai se libertando do ego, nossa mente se torna a de Buda; eis o nascimento do conhecimento perfeito. Podemos ter perdido o contato com essa mente ilimitada, oceânica, mas ela continua em nós. Quando tivermos a coragem de nos desprendermos do ego, nos veremos nadando nesse oceano.

O que Buda faria para rejuvenescer o espírito?

Embora digas, "Ele se afastou do mundo na hora errada", a vida é de tal maneira frágil que não há hora errada para o recolhimento religioso.

Buddhacarita 6.21

Nós sentimos que a vida se prolonga indefinidamente à nossa frente. Sobretudo na infância, parecemos imortais. Podemos brincar, no mundo, sem medo de que chegue o fim. Mas, no fundo, sabemos que a vida é frágil e efêmera como uma bolha de sabão.

E, como a bolha, a vida é um círculo, e por mais que este seja a imagem fiel da Terra, há de estourar um dia. Também como a bolha, a vida é matizada de todas as cores do arco-íris. Nós adoramos mergulhar nas cores; embriagamo-nos com elas. Buda nos recomenda a sobriedade, e ela desperta a necessidade de recolhimento. Também é por isso que não se deve adiar o recolhimento: é impossível prever os nossos momentos de sobriedade. Quando ocorrem, precisamos aproveitá-los no recolhimento e na reflexão.

No tempo de Buda, qualquer um podia se desligar totalmente do mundo e dedicar-se à vida religiosa. A maioria de nós já não tem essa opção; somos obrigados a nos afastar sem nos afastar, a contemplar a bolha e, ao mesmo tempo, a permanecer dentro dela. Não temos muito tempo livre. Mesmo assim, Buda nos estimula a conservar firmemente as nossas prioridades.

O que Buda faria pelos que sofrem?

Para salvar os seres vivos,
Eles se dispuseram a descer a
Todos os infernos que estão presos
A todos os mundos infinitos.

Vimalakirti Sutra 8

Quem são esses que até descem ao inferno para ajudar os outros? São os bodhisattvas, os sábios. E quem são os bodhisattvas? Ora, qualquer um de nós que trabalhe pelo bem de todos. Você acha que isso o pressiona um pouco no momento? Tudo bem, mas por que não começar descendo até a cozinha a fim de preparar o jantar para algumas pessoas que estão sofrendo? Se estiver fazendo calor e o trabalho der a impressão de durar uma eternidade, saiba que terá sido um bom começo.

A propósito, há outro texto que fala em Buda abrindo um sorriso radiante em todo o universo e, depois, criando uma imagem de si no inferno, para que as pobres almas que lá se encontram renasçam nos reinos dos seres humanos e dos deuses. Bem, cada um faz o que pode; vamos começar pela cozinha.

O que Buda faria para ser feliz?

*Almeja a saúde, a maior bênção; segue a virtude. Ouve as pessoas;
lê bons livros e aprende. Sê sincero; rompe os grilhões da tristeza.
Esses seis caminhos levam ao maior dos bens.*

Jatakas 84

Eis uma pergunta bem genérica com uma resposta bem genérica. Isso é bom, pois aqui genérico significa poderoso e abrangente. Com essas palavras, Buda apresenta o conselho de vida talvez mais simples e prático de toda a tradição budista.

Primeiro, cuide da saúde; dela provém a força para trilhar os outros cinco caminhos. Segundo, siga a virtude: não a perfeição, não a moralidade consensual, não a complacência, mas a virtude. A seguir, aprenda; aprenda com as pessoas, com os livros, com a internet, com o que for. Diga a verdade; isso é simples. Por fim, corte os vínculos que o prendem aos preconceitos, às posses, aos apegos, até mesmo aos entes queridos; com alguns desses você pode manter vínculos, mas não se prenda a eles. Trilhando esse caminho, entra-se no reino da felicidade; felicidade para você e para todas as coisas vivas. (Você não achou que Buda estivesse se referindo exclusivamente ao *seu* bem, achou? Afortunadamente, esses bens estão sempre juntos.)

O que Buda faria se a doutrina colidisse com a razão?

Não podemos aceitar literalmente uma doutrina apenas porque ela foi ministrada pelo Buda; temos de verificar se a razão a contradiz ou não. Se ela não resistir à razão, não podemos aceitá-la literalmente.

O Dalai Lama

Pode ser que essa citação o surpreenda. Mas aqui o Dalai Lama expressa a maior força do Budismo: o uso da inteligência. Desde o começo, o Budismo tem se concentrado na mente e na nossa compreensão do mundo. Como a experiência depende muito da compreensão, Buda ensinou um novo modo de encarar o eu (ou a ausência dele) e os estados mentais. Esse ponto, que foi o cerne de sua doutrina, talvez apresente uma coerência lógica maior que a de todas as religiões do mundo.

Como Buda formulou uma série de proposições lógicas sobre a vida, é a lógica, muito mais que a fé, o elemento central do Budismo. Devemos ter confiança nos ensinamentos de Buda, mas não fé. Tendo confiança, examinamos a doutrina com a razão. Se a razão conflitar com a doutrina, é desta que abrimos mão, não da lógica. Nisso, estamos sozinhos. No caminho espiritual, cada um deve usar ativamente a inteligência. Muitas vezes é difícil achar esse caminho na vida. Mas Buda o encoraja: esteja plenamente vivo e use a cabeça!

O que Buda faria com a ciência moderna?

Não permitas que o ceticismo te cegue para os outros mundos.

Jatakamala 29.7

Por favor, não interprete mal as palavras de Buda. Na verdade, ele é favorável ao ceticismo desde que seja saudável. O ceticismo saudável tonifica a mente. Previne-nos contra a ciência reducionista, que nega tudo que a nossa mente limitada não consegue entender.

Eu sou um sujeito extremamente cético. Quando entrei na faculdade, achei que ela me tornaria capaz de enxergar além das ilusões da religião. Até certo ponto eu consegui isso, é verdade. Mas meu maior ganho foi ter conseguido enxergar além das minhas próprias falsas percepções — e a principal delas era a crença de que eu conseguiria ver além das ilusões.

Peço desculpas por aborrecê-lo com paradoxos, mas essa parece ser a natureza das coisas. Assim, dando ouvidos a Buda, sejamos céticos, mas sem deixar que o ceticismo nos cegue para as glórias dos mundos que podemos encontrar e não compreender. Os mundos são grandiosos; nós, insignificantes. Se eles são mais grandiosos do que podemos acreditar, talvez não seja da existência deles que devemos duvidar, mas da nossa.

O que Buda faria quando em dúvida sobre o seu caminho espiritual?

Simplesmente não sei se, entoando o nome de Buda, eu renascerei na Terra Pura ou serei condenado ao inferno [...] No entanto, se eu for incapaz de qualquer prática religiosa, não há dúvida de que o inferno será o meu lar.

Tannisho II

Shinran, o mestre japonês da Terra Pura, desnuda aqui a sua incerteza. Eu gosto dessa passagem por dois motivos. Primeiro, porque Shinran revela a sua perplexidade, a sua insignificância diante do vazio do espaço e do tempo. Ele confessa não saber se é benéfico o seu canto de louvor. A sinceridade dele comove. Em segundo lugar, gosto dessa citação porque, a despeito de sua profunda confusão, Shinran sabe o que fazer: continuar entoando o seu canto. Por que não? Ele não podia fazer coisa melhor.

Confrontando-se consigo mesmo, Shinran percebeu o que dá sentido à sua vida: é a prática de entoar o nome de Buda. Percebeu que o cântico faz dele uma pessoa melhor, talvez até mesmo um buda. Não há por que parar, por mais confuso que ele esteja — mesmo temendo que essa prática seja prejudicial. Assim é a nossa vida. Precisamos seguir fazendo o que podemos, praticando o que parece nos fazer bem. Esse é um conselho profundo e estimulante para preguiçosos e fracos como eu. Se você puder fazer coisa melhor, faça! Caso contrário, seja humilde e procure fazer o que for possível.

O que Buda faria se atacassem a sua crença?

Se outras doutrinas estão além de nós, por maravilhosas que sejam, não podemos incorporá-las. Mas como cada Buda deseja salvar todas as coisas vivas desde o renascimento, não estorves a nossa humilde prática.

Tannisho XII

Como é possível que certas pessoas achem que, criticando os modestos esforços de outra, a estão ajudando? Sobretudo na prática espiritual, devemos nos estimular uns aos outros. Receio que a maior parte das críticas espirituais se deva à arrogância, não à compaixão. Há quem se considere o único a conhecer "o Caminho Certo". Pode ser que alguns tenham razão, mas a maioria se engana. Em vez de criticar, Buda nos estimula a apoiar e aprovar mesmo os esforços mais insignificantes — principalmente esses, talvez.

Quando desmerecerem a sua espiritualidade — e isso decerto acontecerá —, diga delicadamente à pessoa que você faz o que pode. Como na passagem acima, não discuta para ver quem tem razão. Reconheça que o seu caminho é humilde (a humildade é um caminho elevadíssimo, ainda que os outros não saibam disso). E pode acrescentar que, se as forças do universo tendem ao aprimoramento, isso talvez signifique que o seu caminho seja aceitável — ainda que haja outros melhores. Por fim, lembre-se de seguir praticando o seu caminho caso o interlocutor reaja com raiva. Boa sorte.

O que Buda faria para seguir o Buda?

Eu vos digo: não existe Buda, nem darma, nem prática, nem despertar. Mas vós vos perdeis na tentativa de encontrar algo. Tolos cegos! Poríeis uma cabeça nova sobre a vossa? Que julgais que vos falta?

Testemunho de Linji 19

O grande mestre Linji é universalmente reverenciado pelos zen-budistas. Como ele é capaz de dizer que não existe Buda, nem doutrina, nem prática religiosa?

Pois eis o segredo de Linji: ele nada tem a ensinar, e esse é o seu ensinamento. Procurar compreender e seguir Buda é o mesmo que pôr a cabeça dele no lugar da nossa. De que serviria isso? Linji afirma que, ao contrário do que pensamos, nada nos falta. Ah, mas como é difícil controlar esse nada! Temos de nos lembrar de que já somos budas. Só nos falta agir como tais.

O que Buda faria para descobrir o que Buda faria?

> *Não te deixes guiar pelos boatos, as lendas, os diz-que-diz-que. Não te deixes comandar pela autoridade das escrituras religiosas, nem pela simples lógica ou a inferência, nem pela mera aparência, nem pelo prazer da especulação, nem pelas vagas possibilidades, nem pelo respeito ao "Nosso Mestre".*
>
> ***Anguttara Nikaya III.66***

Buda não quer que você se deixe desorientar por nenhuma forma de autoridade — nem religiosa, nem lógica, nem tradicional. Ele o adverte a não se deixar guiar cegamente por nada, pois só quando conhecer uma coisa pela experiência é que você deve aceitá-la como verdadeira.

Buda é um mestre, e eu, falando como professor, peço-lhe que nunca dê crédito aos professores nem aos mestres apenas porque eles têm um título de doutor ou fundaram uma religião. Afinal de contas, Buda não passa de uma pessoa que certamente cometeu erros, e é bem possível que, nos últimos dois mil anos, nós tenhamos aprendido uma ou outra coisa capaz de corrigir esses erros. Buda ficaria contente com isso.

Portanto, como descobrir o que ele faria? Nenhum dos métodos parciais que Buda menciona é suficiente — mas todos eles juntos, e desde que testados pela nossa experiência, mostram-nos o caminho. Buda oferece algumas respostas, mas elas nada têm de fácil, porque só são reais quando as descobrimos por nós mesmos. As respostas verdadeiras, você terá de descobri-las por si. Vá em frente!

Sugestões de Leitura

Eu espero que os livros aqui recomendados ajudem você a enfocar a sua personalidade para conhecer melhor o Budismo. Por favor, encare estas sugestões como meras dicas.

Para os interessados numa introdução à riqueza do conjunto da tradição budista, recomendo *The Vision of Buddhism*, de Roger Corless (Nova York: Paragon House, 1989). O livro descortina a paisagem do Budismo sem dividi-la em nítidas áreas ocidentais.

Sobre o Budismo Teravada e para um contato com o sabor do Budismo antigo, recomendo o clássico *What the Buddha Taught*, do monge e estudioso cingalês Walpola Sri Rahula (Nova York: Grove Press, edição revisada, 1974). Esta obra continua sendo claríssima e inclui alguns importantes textos do cânone *pali*.

Uma fervorosa introdução ao Budismo Mahayana é *Bodhisattva Archetypes*, de Taigen Daniel Leighton (Nova York: Penguin Arkana, 1998). A obra liga os princípios básicos do Budismo Mahayana à vida em figuras religiosas tradicionais e do mundo contemporâneo. Ela nos estimula e ajuda a viver como os bodhisattvas que somos.

Sobre o Budismo Vajrayana tibetano, eu recomendo simplesmente tudo que o Dalai Lama escreveu. Sua voz é humana, clara e, no entanto, profundamente embebida de sua tradição. Vá à livraria e escolha qualquer obra dele que lhe pareça viva.

Aos que desejam aprender mais sobre o Zen, eu recomendo dois livros. Primeiro, a abrangente introdução *Zen: Tradition and Transition*, editada por Kenneth Kraft (Nova York: Grove Press,

1988). Este livro graciosamente arredondado abarca tanto a história quanto a prática e inclui capítulos de estudiosos e mestres zen. Para uma abordagem mais prática, inclusive com instruções de como meditar realmente, sugiro a adorável obra de Robert Aitken Roshi, *Taking the Path of Zen* (San Francisco: North Point Press, 1982). Como seus outros livros luminosos (leia-os todos!), Aitken Roshi escreve este com elegância, inteligência e compaixão. É o Budismo do novo milênio.

Uma última e importante sugestão: por favor, procure ler alguns textos sagrados do Budismo. Eles continuam sendo a raiz da sabedoria budista. Muitos *suttas* do cânone de Pali estão disponíveis na *internet* (http://world.std.com/~metta/canon), inclusive acompanhados de úteis introduções. Quanto aos sutras mahayana, o *Sutra do Lótus*, o *Sutra Vimalakirti* e o *Sutra do Coração* destacam-se viva e claramente mesmo para os iniciantes. O núcleo compassivo do Budismo tibetano permeia o belo *Bodhicharyavatara*, de Shantideva, e as canções de Milarepa. Enfim, eu senti o sabor do Zen na nova antologia *The Roaring Stream*, editada por Nelson Foster e Jack Shoemaker, e nas coleções de escritos de Dogen de Kazuaki Tanahashi.